장마리 에베이야르의 성공투자 이야기
가치투자는 옳다

First published as ≫En bourse, Investissez dans la valeur≪ by Jean-Marie Eveillard.
Copyright ⓒ 2016 by Valor Editions, 80 bis avenue des Mimosas, 64700 Hendaye.
All rights reserved.
Korean translation rights ⓒ 2021 BOOKON
Korean translation rights are arranged with Valor Editions through AMO Agency Korea

이 책의 한국어판 저작권은 AMO 에이전시를 통해 저작권자와 독점 계약한 부크온에 있습니다. 저작권법에 의해 한국 내에서 보호를 받는 저작물이므로 무단 전재와 무단 복제를 금합니다.

장마리 에베이야르의 성공투자 이야기
가치투자는 옳다

1쇄 2021년 6월 30일
3쇄 2023년 8월 30일

지은이 장마리 에베이야르
옮긴이 김상우

펴낸곳 (주)한국투자교육연구소 부크온
펴낸이 김재영
편집 이승호, 권효정
디자인 권효정
주소 서울시 영등포구 선유로9길 10, 문래 SK V1센터 1001호
전화 02-723-9004   **팩스** 02-723-9084
홈페이지 www.bookon.co.kr
블로그 blog.naver.com/bookonblog
이메일 book@itooza.com
출판신고 제2010-000003호(2008년 4월 1일 신고)

ISBN 978-89-94491-97-4 13320

◆ 부크온은 10년 이상의 재무제표 데이터를 무료로 볼 수 있는 유일한 사이트인 아이투자(itooza.com)에서 만드는 출판 브랜드입니다.
◆ 파손된 책은 구입하신 곳에서 교환해 드리며, 책값은 뒤표지에 있습니다.
◆ 무단전재나 무단복제를 금합니다.

장마리 에베이야르의 성공투자 이야기

가치투자는 옳다

장마리 에베이야르 지음 | 김상우 옮김

Value Investing Makes Sense

| 일러두기 |

이 책은 장마리 에베이야르의 『En bourse, Investissez dans la valeur(Value Investing Makes Sense)』를 우리말로 옮긴 것입니다. 이번 한국어판은 원서와 달리 글 싣는 순서를 일부 조정했습니다. 국내 독자들의 관심도를 반영해, 가치투자에 대한 그의 입장과 구체적인 투자 사례를 중심으로 배치했음을 밝혀 둡니다.

베티, 수잔, 폴린에게 이 책을 바칩니다.
— 이 세 사람이 없었다면, 나는 우울하고 고독한 남자로 살았을 겁니다.

▌장마리 에베이야르가 기록한 수익률

"역대 최장 기간 동안 시장을 이긴 실적 중 하나!"
26년간(1979~2004년) 연평균 수익률 15.76%

(단위 : %)

기간 : 1979년 1월 ~ 2004년 12월 (26년간)		
벤치마크 : MSCI 선진국지수		
	연평균 수익률	누적 수익률
퍼스트 이글 글로벌 (Class A)	15.76	4,394.99
MSCI 선진국지수 순수익률	11.29	1,514.25

기간 : 1993년 9월 ~ 2004년 12월 (11년 4개월간)		
벤치마크 : MSCI EAFE (미국, 캐나다 제외한 선진국지수)		
	연평균 수익률	누적 수익률
퍼스트 이글 오버시스 (Class A)	14.36	357.42
MSCI EAFE 순수익률	5.50	83.54

기간 : 1997년 2월 ~ 2004년 12월 (7년 10개월간)		
벤치마크 : MSCI EAFE (미국, 캐나다 제외한 선진국지수)		
	연평균 수익률	누적 수익률
퍼스트 이글 오버시스 (변형)	18.04	271.70
MSCI EAFE 순수익률	5.41	51.77

기간 : 2007년 4월 ~ 2009년 3월 (24개월간)		
벤치마크 : MSCI 선진국지수, MSCI EAFE		
	연평균 수익률	누적 수익률
퍼스트 이글 글로벌 (Class A)	-11.84	-22.28
MSCI 선진국지수 순수익률	-25.47	-44.45
퍼스트 이글 오버시스 (Class A)	-13.79	-25.68
MSCI EAFE 순수익률	-27.85	-47.95
퍼스트 이글 오버시스 (변형)	-12.53	-23.49
MSCI EAFE 순수익률	-27.85	-47.95

* 이 수치들은 퍼스트 이글 펀드 애널리스트들의 도움을 받아 정리한 것이다.

장마리 에베이야르와 가치투자 - 제이슨 츠바이크

'고통받을 준비가 된 투자자'가 증명한 가치투자의힘

* 장마리 에베이야르의 26년간(1979~2004년) 연평균 수익률 15.76%라는 기록은 "역대 최장 기간 동안 시장을 이긴 실적 중 하나"로 손꼽힌다. 이 글은 이런 장마리 에베이야르의 투자 성과를 소개하고 하고 있다. 그리고 가치투자자가 앞으로 걸어가야 할 길에 대해서도 함께 짚어본다. 「Value Stocks are Hot—But Most Investors Will Burn Out(가치투자, 인기 있지만 지속하기는 힘들다)」라는 제목으로 〈월스트리트저널〉 2013년 2월 15일 게재된 글이다. 이 글을 쓴 제이슨 츠바이크(Jason Zweig)는 워런 버핏이 '최고의 투자서'라고 극찬한 벤저민 그레이엄의 『현명한 투자자』 2003년 개정판 편집을 담당하기도 했다—편집자.

퍼스트 이글First Eagle의 장마리 에베이야르Jean-Marie

Eveillard는 내게 이렇게 말했다. "대부분의 사람들은 가치투자에 적합하지 않다. 고통을 피하려는 것이 인간의 본성이기 때문이다." 그의 말은 싼 주식으로 돈을 버는 것(모든 가치투자자들의 목표다)이 생각보다 어렵고, 효과를 내는데 수년이 걸릴 수 있음을 다시 한 번 일깨워주는 말이다.

한때 가치투자는 쉬워보였다. 2012년, 이익 전망이 약한 값싼 주식들의 주가 실적을 보여주는 러셀 1000 가치지수가 19% 상승했다. 이에 비해 보다 비싼 '성장주'들은 11%, 그리고 미국의 대기업들로 구성된 전체 러셀 1000 지수는 15% 상승에 그쳤다. 대중들은 대형 가치주에 대한 투자를 전문으로 하는 뮤추얼펀드들이 많은 돈을 벌었다는 것을 알기 시작했다.

그러나 장마리 에베이야르가 경고한 것처럼, 장기적인 보상은 가치투자가 쉽다고 생각하는 사람들에게 돌아가지 않는다. 우수한 실적은 가치투자가 어렵다는 것을 아는 사람들(그러면서 가치투자를 유지하는 사람들)만 올릴 수 있다.

장마리 에베이야르의 경우를 보자. 1979년부터 2004년까지 26년간 그는 소젠 인터내셔널 펀드(현재 퍼스트 이글 글로벌 펀드)의 수석 펀드매니저였다. 이 기간 그의 펀드는 연평균 15.76%의 수익을 올렸다. 같은 기간 MSCI 선진국지수MSCI World Index의 연평균 수익률은 11.3%였다. 이런 장마리 에베이야르의 실적은 역대 최고의 격차로 그리고 역대 최장 기간 동안 시장을 이긴 실적 중 하나였다.

그러나 1990년대 말 '신경제' 주식들(예컨대 인터넷 스타트업들)이 인기를 끌었고, 당시 장마리 에베이야르가 보유하고 있던 것은 '구경제' 주식들(철도, 금광, 일본 보험사 주식들)이었다. 1998년 그의 펀드는 MSCI 선진국지수보다 25%p 뒤처졌다.

"저조한 실적이 1년간 계속되자 투자자들은 불편해했고, 2년간 지속되자 격분했으며, 3년이 지난 후에는 떠나버렸다"고 장마리 에베이야르는 회고했다. 1997년에서 2000년까지의 기간 동안 펀드 자산의 70%에 해당하는 투자자들이 빠져나갔다. 그래서 그 후 펀드가 올린 최고의 실적을 함께 누리지 못했다.

오랫동안 펀드업계에서는 주식을 잘 고르는 사람은 항상 시장보다 높은 수익을 올릴 수 있다는 '일관성'이라는 허상을 마케팅 해 왔다. 이런 신화를 믿은 투자자들은 그 후 주가 폭락으로 어떤 주식 운용자도 항상 시장을 이길 수 있는 것은 아니라는 사실을 깨닫는 순간 패닉에 빠졌다.

2012년 12월 31일까지 과거 10년 동안 대형주에 전문화한 가치펀드들은 연평균 6.7%의 수익을 올렸다. 그러나 모닝스타Morningstar 펀드조사 담당이사 러셀 키넬Russel Kinnel에 따르면 이런 펀드에 투자한 일반 투자자들의 연평균 수익률은 5.5%에 그쳤다.

그 부분적인 이유는 2008년 이 펀드들이 평균 약 37%의 손실을 기록했을 때 많은 투자자들이 빠져나갔기 때문이다. 그 후 반등에 따른 수익은 펀드를 계속 유지한 사람들만 누릴 수 있었다. "아주 많은 투자자들이 가치투자전략을 결함이 없거나 '약세장에 버틸 수 있는' 전략으로 생각하는 경향이 있다"고 키넬은 말했다. 그런데 그렇지 않다는 것에 충격을 받고 모두 팔고 나갔다는 것이다.

뉴욕의 투자 파트너십 서밋 스트리트 캐피털 매니지먼트Summit Street Capital Management는 최근 장기적으로 뛰어난 수익을 올린 일군의 가치투자자들을 분석했다. 그 결과 이들 중 가장 높은 수익을 올린 가치투자자도 분석 기간의 30~40%에 이르는 기간은 시장을 하회하는 실적을 냈다는 사실을 발견했다. 서밋 스트리트 캐피털 매니지먼트의 제니퍼 월리스Jennifer Wallace는 "이런 사실을 이해하고 확신을 갖지 않으면 흔들리기 쉽다"고 했다.

또 현재와 미래는 과거와 다를 수 있다는 것도 이해해야 한다. 시카고대학 유진 파마Eugene Fama 교수와 다트머스대학 케네스 프렌치Kenneth French 교수가 만든 권위 있는 파마-프렌치 지수Fama-French index에 따르면, 1926년 이후 가치주는 성장주보다 연평균 4%p 우수한 실적을 냈다.

그러나 한 가지 경고하자면, 오늘날 일반적인 가치펀드는 과거 수십 년 동안 저가 주식으로 올렸던 그런 뛰어난 수익을 더 이상 올릴 수는 없을 것이다.

오늘날 대부분의 가치투자 매니저들은 현재 이익 혹은 예상 이익에 비해 싼 주식을 찾는다. 그런데 가장 유명한 파마-프렌치 지수에서 저가 주식은 이와는 다른 지표, 요컨대 기업 순자산을 나타내는 기본적인 지표인 장부가를 기준으로 선정됐다.

그러나 현재 많은 주식 운용자들은 더 이상 장부가에 큰 관심을 두지 않는다. 그리고 파마-프렌치 지수에서는 소형주의 수익률이 역대 고수익의 많은 부분을 차지했지만, 오늘날 대부분의 매니저들은 대형주를 선호한다.

가치주도 과거보다 덜 싸다. 미니애폴리스의 투자회사 로이트홀트그룹Leuthold Group의 리서치 담당이사 에릭 바이겔Eric Weigel에 따르면, 이익 대비 주가로 측정했을 때 역대 가치주의 가격은 성장주보다 평균 54% 쌌다. 그러나 같은 기준으로 볼 때, 오늘날 가치주는 성장주보다 40% 싼 수준이다.

따라서 머지않아 가치가 다시 퇴색해질 수 있다. 가치투자자가 되기 위해서는 싼 주식을 사거나 싼 주식을 보유한 펀드를 사는 것만으로는 충분하지 않다. 시장이 그 주식의 가치를 인식할 때까지 인내심을 가지고 투자를 유지해야 한다.

올해(2013년) 73세로 과거 자신이 운용하던 펀드의 고문으로 있는 장마리 에베이야르는 일본과 금광 주식들 가운데서 저가매수 기회를 찾고 있는 중이다. 그러나 그는 그가 옳다는 것을 시장이 증명해줄 때까지 '고통 받을' 준비가 된 투자자다.

---

* 제이슨 츠바이크의 생각에 대한 의견은 아래 이메일과 SNS를 이용해 주시기 바랍니다.

intelligentinvestor@wsj.com

twitter.com/jasonzweigwsj

장마리 에베이야르가 말하는 '가치투자'

키워드로 살펴보는
장마리 에베이야르의 투자철학

　나는 이번 책에서 전설적인 가치투자자 워런 버핏을 자주 인용했다. 내가 그를 이해했다는 전제 하에 말하자면, 워런 버핏은 다소 과장하는 경향이 있다. 그러면서도 그의 논점은 거의 항상 타당하다.

　물론 나는 워런 버핏 같이 위대한 투자자는 결코 아니다. 그러나 존 하인스John Heins와 휘트니 틸슨Whitney Tilson은 『가치투자의 기술The Art of Value Investing』이란 책에서 나를 포함한 여러 투자 매니저들의 말과 글을 모아 소개한 바 있다. 다음은 이 책에서 인용한 나의 말과 글인데, 나의 견해 일부를 잘 요약해 주고 있다.

안전마진

"경제 전망 혹은 X나 Y 기업의 이익 전망에 대해 어떻게 생각하느냐는 질문을 받을 때마다 벤저민 그레이엄은 무덤덤하게 '미래는 불확실하다'고 말하곤 했다. 정확히 바로 이 때문에 투자에 안전마진이 필요하며, 오늘날 안전마진은 과거 어느 때보다도 중요하다."

가치투자자의 고통

"여러분이 가치투자자라면 장기 투자자다. 그리고 장기 투자자라면, 단기적으로 벤치마크 지수를 따라잡으려고 하지는 않을 것이다. 가치에 투자하는 장기 투자자가 되기 위해서는 때로는 벤치마크 지수에 뒤처질 수 있다는 것, 달리 말해 고통을 받을 수 있다는 것을 미리 받아들여야 한다.

사실 인간은 본능적으로 고통을 피하기 때문에 이를 미리 받아들이기란 매우 어려운 일이다. 바로 이 때문에 가치투자를 하는 사람이 그렇게 많지 않은 것이다. 그러나 나처럼 가치투자가 타당할 뿐 아니라 효과적이라고 굳게 믿는다면, 그 외는 달리 믿을만한 대안이 정말 없다."

벤저민 그레이엄과 워런 버핏에 대하여

"여러 해 동안 나는 그레이엄 스타일과 버핏 스타일 사이를, 말하자면 떠돌아다녔다. 그레이엄의 투자법은 정적이고 양적이며, 재무상태표에 초점을 맞추는 것이다. 그의 스타일에서는 미래를 심도 있게 전망하고 해당 기업의 보다 질적인 측면을 판단하려는 시도는 별로 없다.

반면 버핏의 주요 아이디어는 지속가능한 경쟁우위를 가진, 그래서 향후 10년 후에도 지금처럼 여전히 성공할 가능성이 매우 높은 그런 소수의 기업들을 찾는 것이다. 이런 투자법에서 투자자는 내재가치에서 할인했던 그 할인 폭이 사라지는 데서가 아니라 내재가치가 성장하는 데서 수익을 낸다.

1979년 내가 처음 투자업계에 발을 들였을 때, 미국과 유럽 시장에는 (1970년대의 암울한 시기를 거친 후라) 그레이엄 스타일의 주식을 많이 찾아볼 수 있었다. 그 후에는 우리도 성장했고 시장도 변했다. 때문에 우리는 버핏 투자법 쪽으로 좀 더 옮겨갔는데, 이 과정에 두려움이 없었던 것은 아니다. 한 기업이 지속가능한 경쟁우위를 가지고 있다고 잘못 판단하면, 투자 결과는 처참할 수 있다. 그레이엄 투자법의 경우에는 정적 가치에 큰 할인을 적용함으로써 그런 리스크를 최소화한다.

전체적으로 나는 그레이엄과 버핏 둘 모두로부터 배웠다고 믿고 싶다."

가치투자는 해외시장에서도 효과적이다

"1980년대에는 정말 운이 좋았다. 그리고 1990년대까지도 특히 유럽 대륙에서는 우리 스타일의 가치투자를 하는 사람이 별로 없었다. 가치주는 전반적으로 무시되었고, 기꺼이 인내할 의지만 있다면 싼 가격에 가치주를 살 수 있는 기회가 많았다. 그런데 지금은 더 이상 그렇지 않다. 많은 비효율성이 사라진 것이다.

그러나 내가 보기에, 상식에 기초한 가치투자의 기본은 여전히 유효하며, 국제적으로도 그렇다. 우리는 홍콩 주식이든, 일본 주식이든, 프랑스 주식이든 정확히 같은 방식으로 주식을 본다. 사람들은 늘, 현지의 특성을 이해하면서 현지인처럼 투자하고 싶지는 않은가? 라고 묻는다. 이에 대한 나의 답은, 전혀 그렇지 않다는 것이다. 내가 다른 투자자들은 어떻게 할지 생각하면서 주식을 사는 일은 결코 없다."

본질적인 것에 초점을 맞춘다

"세부 사항에 빠지거나 복잡한 특징들에 관심을 갖는 것이 매우 일반적이다. 그러나 나에게 가장 중요한 것은 해당 기업의 셋, 넷 혹은 다섯 가지 정도의 정말 중요한 핵심적인 특징이 무엇인지 아는 것이다. 나는 그런 분석 작업을 하는 매우 훌륭한 분석팀을 가지고 있다. 내가 할 일은 결정을 내리기 위해 이들에게 올바른 질문을 던지고, 분석의 초점을 잘 맞추는 것이다."

저가 매수 기회 찾기

"대개의 경우 매수하게 된 기업들의 단기 전망은 그 기업 고유의 문제, 혹은 경기주기적인 이유로 좋지 않다. 그런데 최고의 저가 매수 기회는 단기 전망이 형편없는 기업이 얼마 전에는 성장투자자들의 인기주였던 경우, 그리고 그 기업이 당면한 문제가 영구적인 것으로 간주되고 있을 때 오는 경향이 있다.

여러분이 그런 문제가 정말 영구적인 것은 아니라고 생각해 투자했다면, 그리고 그 생각이 옳은 것으로 밝혀지면, 그 투자는 아주 매력적인 것이 된다."

레버리지는 위험하다

"(보다 일반적인 실수 중 하나는) 레버리지의 잠재적인 충격을 무시하는 것이다. 물론 레버리지의 효과는 양방향으로 발생한다. 여러분이 '사업 부문별 가치 합산 분석sum-of-the parts analysis'을 해서 그 기업의 자산 가치를 100달러로 평가했다고 해보자. 이때 그 기업의 부채가 70달러면, 그 기업의 자산 가치를 불과 10달러만 과대평가했어도 실제 자기자본 가치는 30달러가 아니라 20달러가 된다. 크게 보면 10%의 오류는 그렇게 큰 실수가 아니지만, 레버리지가 과도할 경우에는 큰 실수가 된다."

적절한 투자 분산

"최고의 투자 아이디어 30~40개 종목만 보유해야 한다는 주장이 있다. 그러나 오랫동안 나는 그런 최고의 아이디어가 어떤 것들인지 미리 알았던 적이 한 번도 없다. 내가 그런 최고의 아이디어를 미리 알았다면, 당연히 그런 것만 보유했을 것이다."

현금

"우리의 현금 잔고는 그야말로 잔고다. 투자 아이디어

가 많으면 현금은 (혹시 있을지 모를 환매에 대비하기 위해) 5% 정도에 불과하지만, 투자 아이디어가 많지 않고 적절한 투자 상황이 아니면 현금이 쌓인다."

금에 대한 투자

"우리는 금을 상품commodity이 아니라 극단적인 결과에 대비한 일종의 보호수단으로 본다. 전 세계적으로 주식시장이 1~2주 정도가 아니라 그보다 긴 기간 동안 하락한 대부분의 시기에 금 가격은 상승했으며, 이는 우리의 주식 포트폴리오가 받은 타격을 일부 상쇄해줬다.

그렇다고 우리가 보호수단으로 무작정 금에 매달리는 것은 아니다. 우리가 금의 보호 프리미엄이 너무 비싸다고 생각할 때, 혹은 보호수단이 더 이상 필요하지 않다는 결정을 내릴 때가 올 수도 있다."

차례

| 장마리 에베이야르가 기록한 수익률 |
"역대 최장 기간 동안 시장을 이긴 실적 중 하나!"
26년간(1979~2004년) 연평균 수익률 15.76% ● 006

| 장마리 에베이야르와 가치투자 - 제이슨 츠바이크 |
'고통 받을 준비가 된 투자자'가 증명한
가치투자의 힘 ● 007

| 장마리 에베이야르가 말하는 '가치투자' |
키워드로 살펴보는
장마리 에베이야르의 투자철학 ● 013

● 들어가는 글
이 책을 통해 알아야 할 2가지 ● 024
내가 이 책을 쓴 이유 | 이 책의 구성

CHAPTER 1 경험으로 입증한 가치투자의 효용 ● 029

벤저민 그레이엄의 『현명한 투자자』 | 워런 버핏의 주주 서한 | 그레이엄의 '담배꽁초 투자'와 가치함정 | '정실 자본주의' | 기업의 모든 것을 알 필요는 없다 | 임산업과 부동산 산업: 자산보호 기능 | 자금운용업: 이익률 높은 자산경량사업 | 맥도날드: 경영진의 능력 여부 | 철도산업: 최고의 자산보호사업 | '해자 주식'의 적정 매도 시기 | "투자는 단순하지만 쉬운 것은 아니다" | 해외시장에서도 효과적인 가치투자 | 내가 활용하는 가치평가 지표 | 현금흐름할인과 리스크의 본질 | 우리가 해외지점을 두지 않는 이유 | 해외투자에서 겪은 특별한 경험들 | 가치투자자의 자세

CHAPTER 2   가치투자자는 길게 본다   ● 077

워런 버핏의 「그레이엄과 도드 진영의 슈퍼 투자자들」 | 루이스 로웬스타인의 『투자자의 딜레마』 | 가치투자자가 소수인 이유 | 1990년대 말의 퍼스트 이글 펀드 | 뒤처지는 것은 고통이지만, 그뿐이다 | 가치투자자가 소수인 또 다른 이유 | 인기 주식을 멀리해서 장기 수익을 얻다 | "능력의 범위 안에 머물러라" 그리고 "거의 절대 팔지 마라" | 2008년 가치투자자들에게 일어난 일 | '거시적인 탑다운 투자'에 대한 생각

CHAPTER 3   금 투자에 대한 생각   ● 099

금에 대한 프랑스인과 미국인의 인식 차이 | 25년 동안의 신용 팽창(1982~2007년) | 케인스와 오스트리아 경제학파의 시각 차 | 투자대가들은 독서광이다 | 퍼스트 이글 펀드와 금 | 롱텀 캐피털 매니지먼트의 파산과 구제금융 | 내가 버핏과 다른 점, '화폐로서의 금' | 금 관련 제도의 변천사 | 우리가 금에 투자하는 이유 | 금 투자에 반대하는 이유들과 그에 대한 9가지 반론 | 만일의 경우에 대비한 보호 장치 | 금괴 vs. 금광 주식

CHAPTER 4   "사람들이 몰리지 않는 구석을 먼저 살펴라"
그레이엄 스타일의 투자 사례   ● 123

그레이엄의 눈으로 BIS에 투자하다 | BIS 주식에 투자한 이유 | BIS의 터무니없는 지분 인수 가격 | BIS를 상대로 한 소송에서 승리하다 | 그러나 나는 '행동주의 투자자'는 아니다 | 또 다른 그레이엄 스타일의 투자

CHAPTER 5 "의심스러운 쪽보다는 편안한 쪽을 선택하라"
버핏 스타일의 투자 사례 ● 135

복제하기 힘든 브랜드, 린트초콜릿 | '정직하고 능력 있는 경영진'에 대한 기대 | 내재가치와 적정 매도 시기

CHAPTER 6 "시장을 지배하고 있는 기업을 잡아라"
일본 기업 투자 사례 ● 147

세계 최대의 자전거 부품 제조사, 시마노 | 시마노의 '아주 적절한' 자사주 매입

CHAPTER 7 "지주회사가 가진 이중의 혜택에 주목하라"
홍콩 기업 투자 사례 ● 155

증권사 보고서에서 단서를 찾다 | 영화 스튜디오 왕국, 쇼 브라더스 | 신흥국 주식투자에서 주의할 점 | 경쟁자가 없는 사업의 높은 수익성 | 20년 동안 연 복리 15%라는 성과

CHAPTER 8 "더 비싼 값을 지불하는 데는 이유가 있다"
명품 브랜드 투자 사례 ● 169

세계적 명품 샴페인, 떼땅져 | 최고급 시계·보석 브랜드, 리치몬트 | 프리미엄 코냑 제조사, 레미 쿠앵트로 | 안경렌즈 분야 선도기업, 에실로

CHAPTER 9 "자산 가치에 대한 정확한 파악이 우선이다"
뼈아픈 투자 실수로 얻은 교훈 ● 177

'하늘을 나는 스위스은행' 스위스항공 | '부채가 많으면서 경기를 타는 기업', 경계하라!

CHAPTER 10 보통주 투자 외에도 만날 수 있는 특별한 투자 기회들 ● 189

우선주 | 지주사 | 기업분할 | 폐쇄형 펀드 | 하이일드채권

CHAPTER 11 나의 가치투자 여정 ● 199

학창 시절 나의 유일한 관심사 '증권분석' | '숫자'의 중요성을 배우다 | 뉴욕에서 만난 '그레이엄 투자법' | 파리로 돌아오다 | 다시 뉴욕, '버핏 투자법'을 만나다 | 유능하고 소중한 나의 동료들 | 비합리적이면 투자하지 않는다 | 회사 내 애널리스트의 중요성 | 분산투자와 집중투자에 대한 생각 | 거품 시기와 가치투자자의 운명 | 새로운 출발 | 은퇴를 준비하다 다시 현업으로! | '퍼스트 이글'에 관한 이야기

CHAPTER 12 결론 : 가치투자는 타당한 투자법이며 장기적으로 효과적이다 ● 243

고객에 대한 '신의성실의 의무' | 헤지펀드는 나에게 맞지 않는다 | 오늘날 가치주는 어디에서 찾을 수 있나?

● 감사의 글 ● 253

부록 A : 르그랑 우선주 매입 제안가에 대하여 ● 255
부록 B : 벤치마크 지수 추종과 고객의 진정한 이익 ● 260

• 들어가는 글

이 책을 통해 알아야 할 2가지

내가 이 책을 쓴 이유

오래전 한 출판사가 투자서를 한 권 집필해달라고 요청한 적이 있었다. 당시 나는 그런 제안이 별로 내키지 않았다. 벤저민 그레이엄Benjamin Graham의 투자 고전, 워런 버핏Warren Buffett의 주주 서한 그리고 세스 클라만Seth Klarman, 마틴 휘트먼Martin Whitman, 브루스 그린왈드Bruce Greenwald 등 여러 투자 거장들의 훌륭한 투자서나 관련 저술들이 있는데, 내가 여기에 뭘 추가할 수 있겠나 하는 생각 때문이었다.

그러나 출판사는 고집을 굽히지 않았고, 결국 나는 글

을 쓰기 시작했다. 그렇지만 한 장章을 쓰고는 곧 포기하고 말았다. 온종일 매달려 할 일이 있던 내가 일을 하면서 동시에 책까지 쓸 수는 없었고, 그러고 싶지도 않았기 때문이었다.

그리고 얼마의 시간이 지난 2013년 1월, 과거 동료였던 이그나티우스 치덜른Ignatius Chithelen이 내게 다시 책을 쓸 것을 권했다. 이때도 나는 주저했지만 이그나티우스는 완강했고, 결국 나도 작은 책을 한 권 쓰기로 했다.

이때 내 목표는 이 책을 통해 (1) 가치투자는 타당한 투자법이며 (2) 장기적으로 효과적이라는 것, 이 두 가지를 밝히는 것이었다.

그리고 나는 이 두 주장이 옳다는 것을 믿어 의심치 않는다. 가치투자는 다른 투자전략을 사용하는 전문 펀드매니저들보다 내가 더 나은 실적을 낼 수 있게 해주었다. 따라서 나는 이 작은 책을 통해 가치투자가 옳고 효과적이라는 점을 겸허히 주장하고자 했다.

물론 가치투자에 대한 지식이 자동적으로 성공을 보장해주지는 않는다. 필요하다면 기꺼이 물살을 거슬러 헤엄쳐 나아가겠다는 의지, 인내, 노력, 행운 그리고 어느 정도의 능력도 (아마 이 순서대로) 도움이 되고, 사실 필요하다.

만약 내가 옳다면, 가치투자에 대한 지식은 투자에 분명한 이점을 제공해 주며, 따라서 이런 이점(가치투자에 대한 지식)을 가지고 투자세계에 뛰어드는 것은 아주 현명한 일이 될 것이다.

이 책의 구성

이 책은, 가치투자가 왜 타당한 투자법인지에 대해 이야기 하고 있다. 또 지난 수십 년간 있었던 (한 가지 큰 실수를 포함해) 우리의 주요 투자 사례들을 소개하고, 장기적으로 가치투자가 효과적이라는 것을 보여줄 것이다. 과거부터 현재까지 우리가 금 투자에 관심을 갖는 이유, 그리고 보통주 외의 다른 특별한 투자 기회들도 설명하고자 한다. 아울러 내가 어떻게 가치투자자가 되었으며, 그 후 어떤 일이 있었는지에 대해서도 소개할 생각이다.

그리고 몇 개의 글들도 함께 싣는다. 먼저, 〈월스트리트저널〉에 실린 제이슨 츠바이크 Jason Zweig의 글은 가치투자에 관한 것이다. 내가 운용했던 펀드들의 수익률도 표로 정리해 공개한다. 존 하인스와 휘트니 틸슨의 책에서 인용한 나의 말과 글 역시 마찬가지다.

또 투자 사례 가운데 우리가 '행동주의 투자자'가 되었던 경우와 '벤치마크 지수의 전횡benchmark tyranny'에 관한 것도 첨부한다.

다시 한 번 강조하지만, 이 책의 주요 목적은 다음 두 가지를 명확히 밝히려는 것이다.

첫째, 가치투자는 타당한 투자법이다.

둘째, 가치투자는 장기적으로 효과적이다.

이 두 내용이 이 책을 통해 알아야 할 모든 것이다.

CHAPTER 1

경험으로 입증한 가치투자의 효용

가치투자자들은 독립적으로 생각하려고 한다.
따라서 두 명의 가치투자자가 있다고 해도 이들이 서로 똑같은 것은 아니다.
이들은 벤저민 그레이엄과 워런 버핏, 두 가치투자 거장의 가르침을
자신에 맞게 적절히 조정한다.

가치투자는 서로 다른 많은 사람들을 수용하고 있는 큰 천막이다. 가치투자자들은 자신만의 길을 가며, 자신의 고수鼓手가 두드리는 북소리에 맞춰 행진한다. 가치투자자가 아닌 투자자들(혹은 매매자나 투기자로 불러야 할지도 모르겠다)은 항상 서로 이야기를 하고 있는 것처럼 보인다. 이들은 주변의 웅성거리는 소리에 관심을 갖지만, 가치투자자들은 그렇지 않다.

벤저민 그레이엄의 『현명한 투자자』

이 천막의 한쪽 끝에는 '가치투자학파'의 창시자 벤저민 그레이엄이 있다. 그레이엄은 데이비드 도드와 『증권분석 Security Analysis』을 공저했으며, 이 책은 1934년에 처음 출간되었다. 1949년 그레이엄은 또 다른 책 『현명한 투자자 The Intelligent Investor』를 출간했는데, 이 책에 대해 워런 버핏은

"지금까지 나온 투자서 중 단연 최고의 책"이라고 했다.

이런 워런 버핏의 말에 나도 진심으로 동의한다. 1991년 출간되어 지금은 절판된 『안전마진Marging of Safety』을 쓴 세스 클라만, 2013년 페르난도 디즈Fernando Diz와 함께 『현대 증권분석Modern Security Analysis』을 출간하고 그 외 여러 권의 책을 낸 마틴 휘트먼, 『투자에 대한 생각The Most Important Thing』을 쓴 하워드 마크스Howard Marks, 그 외 몇 사람이 매우 흥미로운 책을 쓰기는 했지만 말이다.

그러나 세상에는 전혀 필요가 없는 책들도 있다. 투자에 관한 어떤 책들은 그 책을 인쇄한 종이만큼의 가치도 없는 경우가 있다. 심지어 아주 잘못된 내용을 전하고 있기도 하다.

『현명한 투자자』에는 20개의 장이 있는데 모두 매우 읽을 가치가 있는 내용들이다. 여기서 나는 그레이엄이 말한 세 가지 아이디어에 초점을 맞추고자 한다.

첫째는 '미래는 불확실하다'는 것이다. 이는 특히 주식시장의 미래에 적용되는 말이며, 너무 분명한 말이다. 미래는 신만이 알고 있지만, 신은 우리에게 미래를 알려주지 않는다.

그러나 월스트리트 주변에는 올해 말 다우지수가 몇

포인트가 될 것이라는 식의 말을 해대는 싸구려 글쟁이와 돌팔이들이 적지 않다. 이들이 여러분에게 소수점까지 말해주지 않는다면, 그게 오히려 여러분에게는 행운이다. 물론 이들의 말은 허튼소리다. 미래는 아무도 모른다. 이런 말은 오스트리아 경제학파의 프리드리히 하이에크 Friedrich Hayek가 말한 이른바 '가짜 지식pretense of knowledge'이다.

그레이엄과 오스트리아 경제학파는 모두 (미래에 대해) 겸손하라고 말한다.

하이에크는 1974년 노벨경제학상 수상 기념 강연에서 "나는 틀릴 가능성이 있는 정밀한 지식을 실천하기보다는 많은 것이 확실하지 않고 예측 불가능한 상태로 남아 있어 불완전하기는 하지만 맞는 지식을 더 좋아한다"고 말했다.

둘째, 미래가 불확실하다는 바로 그 이유 때문에, 우리는 '조심'할 필요가 있다. 그래서 그레이엄은 일종의 완충장치인 '안전마진'을 요구했다.

그레이엄의 말을 그대로 옮기면 "안전마진은 건전한 투자의 비밀secret of sound investment"이다. 이에 대해서는 『현명한 투자자』 20장에서 자세히 설명하고 있다.

그레이엄은 1920년대에 액면가로 팔린 부동산채권을 예로 들었다. 1930년대 대공황기에 부동산채권 중 많은 채권이 채무불이행 상태에 빠졌고, 어떤 경우에는 가격이 액면가 1달러당 10센트 밑으로까지 폭락했다. 약 90%에 해당하는 가격 하락으로 인해 이 가운데 많은 채권이 '꽤 안전한' 가격이 되었는데, 이는 그 채권의 실제 가치가 시장호가의 4~5배는 되었기 때문이다.

아울러 그레이엄은 수익을 보장하기 위해서는 안전마진 외에도 분산이 필요하다고 했다. 미래는 불확실하니까 말이다.

셋째, 『현명한 투자자』에서 그레이엄은 가치와 가격을 구분해 이를 비교하는 그의 기본적인 시각에 대해 말하고 있다. 증권은 시장심리에 기초해 매매되는 단순한 종이 이상의 것이며, 투자자는 사실 기업의 부분 소유자라는 생각이다. 따라서 한 증권의 내재(혹은 중심)가치라는 것이 있다는 것이다.

그렇다고 내재가치 투자법이라는 것이 하나의 비법이나 공식, 또는 블랙박스는 아니다. 내재가치를 밝히기 어려운 경우가 많고, 따라서 실수를 피할 수 없기 때문이다. 그러나 내재가치 투자법은 최선의 투자법이다.

가격이 내재가치에 비해 크게 낮은 증권에 투자하는 벤저민 그레이엄의 이런 심층가치$^{\text{deep value}}$ 투자법은, 때로는 재무상태표 중심적이다. 재무상태표 중심의 내재가치 계산법이 쉬운 것은 아니지만, 내재가치 계산법 중에서는 그나마 가장 쉬운 방법이다.

재무상태표 중심의 내재가치를 계산할 때는 자산 그리고/혹은 부채 부분을 일부 조정해야 할 수도 있다. 우리는 보고된 재무상태표 수치를 액면 그대로는 절대 받아들이지 않는다. 예를 들어 의류소매회사의 재고자산 가치가 과대 계상되어 있을 수 있다. 혹은 일부 고객들로부터 받을 돈(매출채권)이 의심쩍은 것일 수 있고, 기계가 너무 오래되어 감가상각이 끝났지만 사실은 다소 낡은 정도여서 여전히 값비싼 것일 수 있다.

회계 문제에 판단이 개입되기 때문에 회계 감사들은 실수를 한다. 또 많은 회계 수치들이 추정치이기도 하다. 슬프게도 1990년대에 미국 대기업(그리고 그렇게 크지도 않은 기업들)의 적지 않은 재무담당임원(CFO)들은 영리한 법률가의 도움을 받아 관련 규제들의 구체적인 조항은 준수하면서도 그 규제의 취지는 외면할 수 있다는 점을 파악했다. 그렇다고 이런 지적인 부도덕으로 감옥에 간 사람은 아무도 없었다.

그중 한 가지 관행을 살펴보면, 공장 폐쇄나 자산 인수에 매우 큰 특별비용을 계상하고, (쉬운 상대였던) 월스트리트에게는 그 비용 전前 이익을 봐야 한다고 설득한 후, 초과 계상된 비용준비금을 미래 이익을 부풀리는 데 사용하는 것이다. 누군가는 이를 '암묵적인 공모'라고 했다.

반대로 좋은 면을 보자면, 한 세기 전 산림지를 인수했던 미국의 목제품 회사들은 당시 에이커 당 1달러를 지불하고 산림지를 취득한 경우도 있었다. 회계 관행에 따르면 현 시장가격이 에이커 당 수천 달러라 해도 그 자산은 취득가로 계상되어야 한다. 이 경우 그 자산의 실제 가치는 재무상태표의 가치보다 훨씬 높다.

이런 식으로 조정된 장부가를 계산해서 그 가치가 주가를 크게(예컨대 30~40%) 초과할 경우, 그 주식을 사면 된다. 그런 후 경영진이 어떤 큰 실수를 하고 있지는 않은지, 가장 중요하게는 그 기업이 이미 장기적인 하락세에 접어들었거나 곧 접어드는 것은 아닌지만 걱정하면 된다.

이런 점에서 볼 때 인터넷은 파괴적인 힘을 가지고 있다. 예컨대 종이신문은 인터넷에 광고사업을 빼앗기고 있으며, 점포가 포화 상태인 국가의 오프라인 소매업자들도 온라인 쇼핑업체에 사업을 빼앗기고 있는 중이다. 다른 산업들도 곧 희생될 것이다.

가치투자가 타당한 한 가지 이유는 (워런 버핏에게도 적용되는데) 가치투자가 인간의 본성을 고려한다는 점이다.

벤저민 그레이엄은 그의 책에서 시장참여자 전체 집단으로서 '미스터 마켓Mr. Market'이 조울병적이라고 했다. 다시 말해 어떤 경우에는 과도하게 낙관적(탐욕적)이고, 또 어떤 경우에는 과도하게 비관적(공포에 떤다)이라는 것이다.

1960년대에 학계를 중심으로, 특히 시카고대학 교수들이 효율적 시장가설(EMH)Efficient Market Hypothesis 혹은 효율적 시장이론(EMT)Efficient Market Theory이라는 개념을 제시했다. 이는 투자자들이 합리적이며, 한 기업에 대한 모든 뉴스는 즉각 그 기업의 주가에 반영된다고 가정한 것이다. 어떤 면에서 이 가설은 인간의 본성을 부인하는 것이다. 효율적 시장가설을 주장한 학자들이 그보다 10년도 훨씬 전에 나온 벤저민 그레이엄의 책을 읽었더라면 그런 가설을 주장하지는 않았을 것이다. 벤저민 그레이엄은 인간의 본성을 이해했다.

그런데 일단 효율적 시장가설에 의문을 제기하게 되면(나도 그랬다), 자본자산가격결정모형(CAPM)Capital Asset

Pricing Model 전체가 의심스러워진다. 그런데 아직도 거의 모든 곳에서 이 모형을 가르치고 있다.

워런 버핏의 주주 서한

가치투자라는 천막의 반대편 끝에는 벤저민 그레이엄의 제자이자 친구인 워런 버핏이 있다.

워런 버핏은 잠시 벤저민 그레이엄 밑에서 일한 후 독립해서 자신의 길을 갔다. 그리고 파트너인 찰리 멍거 Charlie Munger의 도움을 받아 벤저민 그레이엄의 가르침을 상당히 그리고 성공적으로 조정했다. 이런 조정은 버크셔 해서웨이 주주들에게 보내는 서한에서 주로 다루어졌으며(이 서한은 다른 여러 문제들도 다루고 있다), 그의 주장이 옳은 경우가 많았다.

예를 들어 1990년대에 워런 버핏은 스톡옵션은 비용이고, 따라서 주당순이익을 계산할 때 비용으로 처리해야 한다고 지적했다. 실리콘밸리 기술기업들의 경영진과 이들의 워싱턴 로비스트들은 스톡옵션은 기업 비용이 아니며, 스톡옵션을 비용이라고 하는 것은 아무튼 비애국적인 일이라고 의회를 설득하려 했다. 이들의 주장은 모든 증거에 반하는 것이지만, 한동안은 성공적이었다. 그래서

'지적으로 보이는 사람들이 사실은 바보 아닌가?' 또는 '나쁜 믿음을 가진 것은 아닌가?' 하는 의문을 가끔 갖게 되는데, 대부분의 경우는 후자였다.

워런 버핏은 배당금과 자사주 매입에 대해서도 말했다. 그는 경영진이 전체 잉여현금흐름을 매우 수익성 있게 사업에 재투자할 수 있다면, 배당할 여지가 없다고 했다. 기본적으로는 나도 이 말에 이의가 없다.

그러나 가치투자자들은 자기자본이익률(ROE)은 높지만 성장잠재력은 평범해서 사업에 재투자할 자금보다 많은 잉여현금흐름을 창출하는 기업을 좋아하는 성향이 있다. 일반적으로 말해, 우리는 고성장기업을 찾지는 않는다. 주가가 매우 비싼 경우가 많고, 최고경영진이 고성장을 관리하기가 매우 어렵기 때문이다(이는 차를 과속으로 운전하는 것과 비슷해서 운전사가 아주 뛰어나지 않으면 결국 사고가 날 수 있다).

성장잠재력이 제한된 기업은 신규 진입자들로 인한 극단적인 경쟁에 시달리는 경우는 적지만, 바로 그 이유 때문에 이른바 성장투자자들을 유인하지 못한다. 따라서 밸류에이션이 그리 높지 않고 적절한 수준이 될 수 있다. 이런 기업은 재무상태표에 현금을 쌓아두기보다는 배당금을, 아마도 대규모 배당금을 지급해야 할 것이다.

자사주 매입의 경우, 금융위기 직전인 2007년, 2014년과 2015년, S&P 500지수가 바닥에서 세 배로 상승한 후인 2016년에 특히 과했다. 반면 약세장이 바닥을 칠 때 혹은 그 언저리에 있을 때인 2008년 말과 2009년 초에는 사실상 거의 없었다.

물론 이는 말도 안 되는 일이지만, 흔히 벌어지는 일이다. 내가 보기에 2014년, 2015년, 2016년은 주식이 어느 정도 고평가된 시기였으며, 2008년 말과 2009년 초는 저평가된 시기였다.

특히 2008년 당시 오바마 대통령 당선인과 버냉키 미국 연방준비은행 의장이 (연준이 취하게 될 조치들이 장기는 희생시키는 것이라 해도) 단기적 그리고 중기적으로 경제 및 금융을 어느 정도 안정시킬 수 있는 '필요한 모든 조치'를 하겠다고 말한 것을 고려하면 특히 그랬다. 고위 정치인과 관료들은 장기적인 문제는 거의 생각하지 않았다. 물론 정부의 임기, 지켜야 할 사회적 지위와 직업들이 있다. 그리고 케인스가 말한 것처럼 "장기적으로는 우리 모두 죽는다".

워런 버핏은 이사회가 자사주 매입을 결정하기 전에

두 가지 조건을 충족해야 한다고 했는데, 이는 옳은 말이다. 첫 번째 조건은 자사주 매입을 위해 차입을 해서는 안 된다는 것이고, 두 번째 조건은 주가가 대체로 저평가되었다는 경영진의 논리적인 믿음이 있어야 한다는 것이다.

그런데 대부분의 자사주 매입은 이 두 조건 모두를 만족시키지 못하고 있다. (사실 하나만 만족시키는 경우도 거의 없다) 또한 이사회는 자사주 매입을 그저 주가를 부양하는 한 방법으로 보는 경우가 많다. 그런데 주가가 크게 저평가되었다면, 자사주 매입은 투자자가 자사주 매입에 제공하지 않고 계속 보유하는 주식의 내재가치를 산술적으로 높이게 된다. 예를 들어 내재가치가 10달러인 주식 세 주가 있는데 회사가 그중 한 주를 5달러에 자사주 매입했다고 하면(30달러-5달러=25달러), 남은 두 주의 내재가치는 각각 25% 상승한 12.50달러가 된다(25달러÷2=12.50달러).

그레이엄과 마찬가지로 워런 버핏의 경우도 모든 것은 계량적인 것, 숫자, 공개된 정보 즉 회사의 연차보고서 및 SEC 제출 연차보고서(10K)나 의결권위임 권유장 등으로 시작된다. 재무제표의 주석들도 물론 포함된다. 사실 투자자들이 이런 주석들을 자세히 살펴봤다면, 엔론 같은 주식은 결코 사지 않았을 것이다. 주석 중 하나가 이상했으며, 사실 이해할 수 없는 것이었기 때문이다. 따라서 투자자는 먼저 숫자에 '만족'해야 한다. 그렇지 않으면 그 기업 관련 자료들은 쓰레기통에 버리고 다른 투자 대상 기업으로 옮겨가야 한다.

그레이엄도 기업의 경쟁력에 일부 관심을 가졌지만, 그 질적 특징을 주로 소개한 이는 워런 버핏이었다. 워런 버핏은 여러 이유로 지속가능한 경쟁우위, 그가 말한 이른바 '해자moat'를 가진 기업을 찾았다.

어떤 면에서 워런 버핏은 경영진의 질보다 기업의 질을 더 중요하게 여겼다. 그가 말한 것처럼 "좋은 경영자가 나쁜 기업을 맡아 열심히 경영할 때도 그 기업의 (나쁜) 명성은 변하지 않는다".

중장기적으로 가치를 계속 창출할 기업을 찾기 위해서는 물론 판단력을 발휘해야 한다. 그런데 그런 판단에 실수가 있을 수 있다. 중장기적으로 가치를 계속 창출할 기업의 수는 매우 제한적이기 때문이다. 시간이 가면서 좋았던 사업모델이 바뀔 수 있고, 경영진이 무분별한 기업 인수에 과도한 비용을 지불하면서 '제국' 건설에 나서는 '실수'를 저지를 수도 있다.

해자를 찾는 일은 시간이 걸리지만 잠재적으로 그레이엄의 방법보다 훨씬 큰 보상을 받을 수 있다. 워런 버핏의 방법에서 한 기업의 내재가치는 '해자의 질'로 결정된다. 따라서 내재가치에서 할인된 가격에 안전마진이 있는 것만큼, 해자의 '확인된' 질에도 안전마진이 있다고 할 수 있다.

요컨대 주가가 현행 내재가치에 도달할 때까지 그 주식을 계속 보유할 수 있다. 그리고 그 해자에 대한 진정한 확신이 있고 장기적인 내재가치의 예상 증가치가 평범한 수준 이상일 것이라고 믿는다면(구체적인 수치를 제공하지 못해 죄송하다), 내재가치에서 할인된 폭이 적거나 전혀 없는 가격에도 그 주식을 매수할 수 있다.

다시 말해 그레이엄 식의 안전마진이 없어도 워런 버핏이 말한 해자가 충분하다면 그 주식을 매수할 수 있는 것이다.

그레이엄의 '담배꽁초 투자'와 가치함정

1976년 벤저민 그레이엄이 세상을 떠나고 한참 후 워런 버핏은 그레이엄의 투자 스타일을 '담배꽁초 투자법'이라고 했다.

예를 들어 재무상태표에 기초한 다소간 정적인 측정으

로 계산한 내재가치가 주당 50달러로 추산되는 주식이 있는데, 이 주식을 30달러에 매수해서 내재가치에 근접한 45달러부터 매도를 시작해 50달러에 매도를 마쳤다고 해보자. 그렇다면 이것은 마지막 남은 담배 한 모금을 맛있게 다 피운 것과 같고, 그것으로 이 주식은 그 역할을 다한 것이 된다. 맛있게 피울 마지막 한 모금이 남아 있는 담배꽁초 같은 주식을 찾아 투자하는 것이 바로 담배꽁초 투자법이다.

언젠가 가치투자자들이 모이는 저녁자리에서 나는 당시 이미 나이가 90대에 접어든, 또 다른 투자대가인 월터 슐로스Walter Schloss와 같은 테이블에 앉은 적이 있다. 그 자리에서 나는 정중하게 그리고 넌지시 담배꽁초 투자에 관해 말을 꺼냈다. 그러자 월터는 빙그레 웃으면서 자기는 보통 한 모금이 아니라 여러 모금을 맛있게 피운다고 했다. 그의 장기적인 실적을 보면 그랬던 게 분명하다.

벤저민 그레이엄 투자법 혹은 심층가치 투자법(월터 슐로스의 투자법도 이와 매우 비슷하다)은 이른바 '가치함정' 때문에 이따금 의심을 받기도 한다. 그런데 가치함정이란 것은 없다. 그보다는 실수를 하기 때문인데, 벤저민 그레이엄의 투자법이 워런 버핏의 투자법에 비해 판단에 덜 의존함에도 불구하고 실수는 있을 수 있다.

도쿄 주식시장의 경우 저점에서 급등한 2016년 현재도(주가가 터무니없이 높았던 1989년에 비하면 그래도 여전히 50% 정도 낮은 수준이다) 순현금(현금+기타 이런저런 현금성 자산-자본소득-금융부채)이 시가총액보다 큰 기업들이 있다(대부분 소형주다). 이런 기업은 사실상 마이너스 가격에 매수하는 셈이 된다. 다음 경우를 제외하면 그렇다. 예컨대 이 주식을 매수할 당시까지는 어느 정도 수익성 있던 기업이, 향후 몇 년에 걸쳐 큰 손실을 내고 그 결과 현금과 현금성 자산이 모두 고갈되어 버리는 경우다.

여러분이 실수를 저질러서, 확실한 것처럼 보였던 투자에서 돈을 잃음으로써 그 실수의 대가를 치를 수도 있다. 여기에 무슨 가치함정 같은 게 있는 게 아니다. 그저 실수만 있을 뿐이다. 마틴 휘트먼이 즐겨 말하는 것처럼 "잘못될 수 있는 뭔가는 늘 존재한다".

1980년대 초 유럽 대륙의 소형주들이 헐값에 매매되고 있을 때, 한 프랑스 펀드매니저가 나에게 "우리 현지인들이 당신의 프랑스 소형주들을 매수하지 않으면, 그 주식은 절대 오르지 않을 거요"라고 말한 적이 있다. 말도 안 되는 소리다. 그저 뭔가 잘못되었을 뿐이다. 주가가 '터무니없이' 낮았고, 그래서 가치투자자가 평소보다 훨씬 더 인내해야할 상황이었던 것뿐이다.

'정실 자본주의'

실수와 그에 대한 대가를 치르는 것(혹은 그러지 않는 것)과 관련해, 일종의 정실 자본주의crony capitalism(일부 특정 세력에게 불공정한 혜택을 제공하는 식으로 경제를 운영하는 자본주의의 한 형태―옮긴이)가 미국에서 자리 잡은 것으로 보인다. 정실을 뜻하는 말로 프랑스 사람들은 '친구와 악당들les copains et les coquins'이란 말을 쓰곤 한다. 자본주의자는 도박에서 승리하면 딴 돈을 고스란히 자기주머니에 넣는다. 뭐 여기까지는 좋다. 그러나 정작 도박에서 패하면, 정부가 자신을(다른 말로 납세자를) 구제해 주기를 바란다.

밀턴 프리드먼Milton Friedman은 자신이 자유시장 지지자이지만 기업 지지자는 아니라고 했다. 자유시장과 기업은 같은 것이 아니란 뜻이다. 또한 그는 자유기업체계는 이익과 손실의 체계이며, 그 체계가 잘 작동하기 위해서는 손실(을 감당하는 것)도 이익(을 내는 것)만큼 중요하다고 했다. 자신의 실수에 대해서는 그 대가(손실)를 지불해야 한다! 그러지 않으면 사회적 불만이 발생한다.

문제는, 이는 단순히 미국만의 문제는 아닌데, 지금까지 이런 문제를 제대로 처리하지 않았기 때문에 오늘날 '엘리트'들이 불신을 받고 있다는 것이다.

지난 세계금융위기 당시 대규모 정리해고가 초래될 수 있었기 때문에 정부가 너무 많은 기업이 파산하도록 그냥 내버려 둘 수 없었다고 말하는 사람도 있을 것이다. 그러나 반드시 그런 것은 아니다. 한 기업이 재정적으로 힘들 때, 충분한 자금을 가진 대형 투자자들이 채권과 뱅크론bank loans(변동금리부 선순위 담보대출채권)을 매우 할인된 가격에 현금으로 살 것이기 때문이다. 또 그 기업이 파산한다면 이 투자자들은 그 채권과 뱅크론을 그 기업의 주식으로 전환했을 것이다. 그런데 그 기업이 건전하지만 레버리지가 과도한 경우라면, 일단 채권의 출자전환이 이루어지면 정리해고의 필요성은 없을 것이다. 그저 주식의 주인이 바뀌는 일만 발생하는 것이다.

그런데 지난 금융위기 당시 미 연방준비은행은 단기금리를 제로 수준까지 낮추고 지금까지 이 수준을 유지해 왔다. 따라서 지금 미국에는 1990년 거품 붕괴 후의 일본처럼 단지 금리가 제로라서 살아남은 수많은 '좀비기업'들이 존재하고 있다.

기업의 모든 것을 알 필요는 없다

기업의 '질적 특징'과 관련해, 투자자들은 투자 대상 기업에 대해 모든 것을 알아야 한다고 믿는 경향이 있다. 그러나 그보다는 기업의 '주요' 강점과 약점을 파악하려고 노력해야 한다. 주요 강점과 약점이 4~5개를 넘는 경우는 거의 없다. 나머지 특징들은 사소한 것이며, 무시해도 별 문제가 없다.

물론 여기서 중요한 것은 강점이든 약점이든 그 기업의 주요 특징은 하나도 놓쳐서는 안 된다는 것이다.

임산업과 부동산 산업 : 자산보호 기능

20~30년 전 있었던 한 사례에서는 한 가지 특징만이 중요했다. 당시 임산업은 사실상 두 개의 서로 다른 사업으로 이루어져 있었다.

그 첫 번째는, 삼림지를 소유, 운영하는 삼림지사업이다. 이는 매우 훌륭한 사업이다. 소모성 자원인 구리나 금광과 달리 삼림은 재생 가능한 자원이다. 자연이 그런 재생을 도와준다. 오늘날 이 사업에 종사하는 기업들은 삼림의 자연 증가분을 넘지 않는 양의 목재를 수확하고 있으며, 따라서 어느 한 해 연말의 삼림지 목재는 그해 연초의 목재와 그 양이 같다. 사실 재정적으로 강한 기업이라면 목재 가격이 낮을 때는 적은 양만 수확하고, 목재 가격이 높을 때는 더 많이 수확한다.

또한 이 사업은 자본집약적인 사업이 아니기 때문에 막대한 현금을 창출한다. 그리고 지난 한 세기 동안 삼림지의 가치는 인플레이션율 이상으로 상승했다.

임산업의 다른 두 번째 사업은, 목재를 판재, 합판, 펄프, 종이 등으로 가공하는 목재가공사업이다.

이는 아주 힘든 사업이다. 가공에 필요한 기계가 매우 고가이고, 극심한 가격경쟁에 시달리는 상품사업commodity business이기 때문이다.

상품사업과 관련해 한 선박회사 경영진은 선박 경기가 바닥일 때 발생하는 손실이 너무 커서 경기 정점이나 그 부근에서 일부 선박을 팔고 경기 바닥이나 그 부근에서 일부 선박을 사는 것만이 한 경기 주기 동안 수익을 낼 수 있는 유일한 방법이라고 말한 적이 있다.

그러나 30년 전 임산물 기업들로 돌아가 보면, 번쩍거리는 신형 제지기 같은 기계를 좋아하는 엔지니어들이 당시 기업을 운영했는데, 이들은 (대개는 경기 정점에) 생산능력을 확충하는 경향이 있었다. 결과적으로 한 경기 주기 동안 올리는 수익은 잘해야 평범한 수준이었다. 사실 임산물 기업들의 목재가공사업은 삼림지사업의 보조를 받는 형편이었다. 월스트리트의 애널리스트들은 이런 사실을 잘 알고 있었지만 엔지니어들을 비판하기를 꺼렸다. 쓸데없이 엔지니어들을 적으로 돌려서 그들과 관계가 소원해지는 것을 원치 않았기 때문이다.

다시 말하지만 삼림지는 훌륭한 자산이다. 일찍이 예일대학 기부금 펀드매니저 데이비드 스웬센David Swensen을 포함한 일부 투자자들은 삼림지가 매력적인 '대체투자자산'이라는 점을 파악하고 삼림을 매수하기 시작했다. 플럼 크리크Plum Creek와 레이어니어Rayonier 같은 일부 기업은 보유하고 있던 대부분의 목재가공사업을 처분하고 삼림지사업에 집중했다.

반면 포프앤드탤벗Pope & Talbot은 삼림지사업을 포프리소스Pope Resources로 분사시켰다(그 결과 삼림지사업의 보조를 더 이상 받지 못하게 된 포프앤드탤벗은 분사가 있고 몇 년 후 파산했다).

우리와 몇몇 투자자들은 삼림지사업에 주력하는 기업

들(플럼 크리크, 레이어니어, 포프 리소스)의 주식을 샀다. 어떤 면에서는 이런 주식 매수가 물리적 자산을 직접 취득하는 것보다 훨씬 나았다. 그것은 우리가 삼림지의 당시 현재가치에서 할인된 가격에 주식을 매수했기 때문이었다.

부동산사업회사(REOCs)에서도 같은 종류의 기회가 발생했다.

써드 애비뉴 펀드Third Avenue Funds의 창업자 마틴 휘트먼, 우리 그리고 다른 몇 사람이 이따금 부동산 가치에서 상당히 할인된 가격에 거래되던 부동산사업회사의 주식을 샀다.

우리는 부동산투자신탁(REITs)은 무시했다. 부동산투자신탁은 배당수익률에 관심을 가진 투자자들 사이에 인기가 있어서 그 주가가 부동산의 현재가치보다 높을 때가 가끔 있었기 때문이다.

물론 최선은 실물 부동산의 가치가 하락한 시점에 아주 크게 할인된 주가에 부동산사업회사의 주식을 매수하는 것이다. 이는 이중으로 할인을 받는 것이기 때문에 가치투자자들이 매우 좋아한다. 운 좋게도 수년 전 캘리포니아 주 카텔루스부동산개발Catellus Development에서 이런 이중 할인이 우리에게 있었다.

삼림지와 부동산은 자산보호asset protection 기능을 제공하며, 이는 유용할 수 있다. 이 책의 초고를 꼼꼼하게 읽은 오마르 무사Omar Musa가 지적한 것처럼, 재무상태표 상의 가치는 일반적으로 수익력earnings power(손익계산서)보다 느리게 확인된다.

오마르는 수년간 퍼스트 이글의 애널리스트로 있었는데, 우리 리서치 담당이사였던 브루스 그린왈드가 그를 채용했다. 후에 오마르는 자신의 회사를 세웠으며, 완전 공시 차원에서 말하자면, 나는 그의 펀드에 투자했다.

자금운용업 : 이익률 높은 자산경량사업

어떤 사업은 많은 자산이 필요 없는 자산경량사업인데, 특히 서비스업이 그렇다. 보통은 어떤 사업이 자본집약적이지 않으면 이익률이 낮고, 자본집약적이면 이익률이 높다. 일반적으로 말하면, 자본수익률returns on capital도 이와 다소 비슷하다. 미국처럼 상당히 유동적인 경제 시스템에서는 자본이 수익성이 매우 높은 분야로 이동하고, 그 결과 시간이 지남에 따라 그 분야의 경쟁이 격화되면서 수익률은 하락한다. 반대로 어떤 분야가 더 이상 수익성이 없으면 자본은 그 분야를 떠나고, 그러면 시간이 지남에 따라 그 분야의 수익률은 개선된다.

그런데 자금운용업 money management(여기서 말하는 자금운용업은 자산운용업을 포함하는 보다 범위가 넓은 개념이다―옮긴이)은 이런 법칙에서 예외다. 자금운용업은 상장된 자산운용사들의 연차보고서에서 볼 수 있듯이, 자산경량 사업이지만 이익률이 매우 높은 경우가 많다.

여러 해 전에 나는 기업연기금이 투자운용수수료 인하 압력을 가하고 있다는 사실을 발견했다. 그래서 뮤추얼펀드에도 이런 수수료 압력이 가해질 것이라고 예상했다. 그런데 그때 헤지펀드들이 성장하기 시작했고, 이들의 2% 운용수수료(그리고 20%의 성과수수료)는 뮤추얼펀드 업계에 '가격 우산'을 제공해주었다.

현재 헤지펀드들은 도드-프랭크법과 관련된 새로운 규제를 받고 있으며, 지난 몇 년간 전반적인 헤지펀드산업의 수익은 그리 좋지 않았다. 결과적으로 이제 가격 우산은 약해질 수 있다.

맥도날드 : 경영진의 능력 여부

어쨌든 자산이 많은 기업은 투자자들에게 다소의 보호 기능을 제공해 주는데, 많은 자산을 오래전에 획득해 그

가치가 재무상태표에 과소평가된 경우에는 특히 그렇다. 또한 당국은 장기적으로 화폐의 가치를 낮춘다. 그 결과 부채는 그 부담이 줄어든다.

우리는 약 15년 전 맥도날드 주식을 매수했다. 그때 맥도날드 CEO는 CFO 출신이었는데, 이는 그다지 좋은 일은 아니다. (CEO는 CFO와는 다른 자질이 필요하다) 그는 가능한 많은 신규 점포를 열어야 하며 그렇지 않으면 맥도날드는 더 이상 성장기업이 아니라는 월스트리트의 말에 귀를 기울였다. 그러나 문제는 다른 곳, 요컨대 메뉴와 서비스에 있었다.

결국 맥도날드 이사회는 이 CEO를 해임하고 훌륭한 경영자인 전직 임원을 새 CEO에 임명했다. 새 CEO는 어느 정도 포화상태에 이른 미국시장에서 신규 점포 개설을 중단하고, 중요한 조치로 메뉴와 서비스를 모두 개선했다. 그 결과 1~2년 후 맥도날드의 실적은 다시 좋아졌고 주가도 상승했다.

15년 전 우리가 맥도날드를 매수한 것은 두 가지 이유로 역발상 투자를 한 것이었다.

첫째, 일반적으로 우리가 턴어라운드를 크게 선호한 것은 아니었지만(성공하는 경우가 적기 때문에), 턴어라운드를 가져올 수 있는 메뉴와 서비스의 개선은 유능한 경영자에게는 그리 어려운 일이 아니었다.

둘째, 맥도날드는 사업에 사용되는 매장 등 대부분의 부동산을 직접 소유하고 있기 때문에 어느 정도 자산보호 기능을 제공했다.

최근 몇 년간 맥도날드는 특히 미국에서 그다지 좋은 실적을 내지 못했다. 많은 젊은 소비자들이 소고기나 닭고기 메뉴의 품질에 의문을 제기했고, 패스트푸드산업은 다시 일종의 혼란에 빠졌다. 이에 맥도날드는 새로운 사업 조정을 단행했으며, 지금까지는 다시 성과를 내고 있는 중이다.

철도산업 : 최고의 자산보호사업

철도회사도 최고의 자산보호를 제공하는 사업 중 하나다. 1980년대 초 우리는 세 가지 이유로 벌링턴 노던 Burlington Northern을 매수했다.

첫째, 1970년대 말 지미 카터 미국 대통령은 (그가 자유시장을 좋아한다고 알려진 것은 아니지만) 철도에 대한 규제를 풀었다. 철도는 자본집약적인 사업이다. 그런데 당시 철도회사들은 이미 재무 상태가 좋지 않았고 사업을 유지하기 위한 자본적 지출마저 장담하기 어려웠다. 나의 친척 할아버지 한 분은 프랑스철도에서 일했는데, 철도 트랙이 적절히 유지되지 않으면 그로 인해 부담해야 할 비용이 어마어마하게 늘어난다고 했다.

철도는 상품운송에 중요한 역할을 담당한다. 카터 대통령이 철도에 대한 규제를 푼 것은 옳은 정책이었다. 그 결과 시간이 흐르면서 철도회사의 이익이 점차 개선될 수 있었다.

둘째, 19세기에 철도에 대한 무상 토지 불하가 있었기 때문에 철도회사에는 큰 자산보호가 있었다. 벌링턴 노던 같은 철도회사는 미개발토지, 석유가스전, 삼림지 등을 소유하고 있었다. 이 중 석유가스전과 삼림지는 벌링턴 리소스Burlingtyon Resources와 플럼 크리크로 분사되어 벌링턴 노던 주주들에게 분배되었다.

셋째, 주가가 매우 낮았다. 철도회사 투자자 대부분은 이미 매우 단기 지향적이어서 장기적인 철도회사의 수익 개선 가능성에는 별로 관심을 기울이지 않았다. 이들은 자신의 돈이 수익을 내지 못하는 '불임'자금으로 묶이는 것을 두려워했다. 그러나 나는 아니었다.

내가 어떤 주식을 50달러에 샀는데 4년 후에도 여전히

50달러지만 5년차에 100달러가 된다면, 나는 4년 동안 내 돈이 불임자금으로 묶인 것에 불평하지 않는다. 5년 만에 내 돈이 두 배가 되었으며, 이는 아주 좋은 일이라고 말하는 사람이다. 따라서 벌링턴 노던의 경우 우리와 소수의 또 다른 투자자들은 인내가 보상을 받을 것이라고 믿었다.

우리는 벌링턴 노던을 약 20년간 보유했는데, 안타깝게도 워런 버핏이 벌링턴 노던을 인수하기 전에 매도했다. 결과적으로 더 큰 기회를 놓친 셈이다.

'해자 주식'의 적정 매도 시기

워런 버핏의 투자법에 대한 한 가지 핵심적인 질문이 있다면, 그것은 "주가가 현행 내재가치에 도달하면 그 주식은 자동으로 매도해야 하는가?"일 것이다. 나는 상황에 따라 다르다고 말하는데, 물론 그리 도움이 되는 답은 아닐 것이다.

지속가능한 경쟁우위를 가진 기업의 수는 매우 제한적이다. 따라서 한 기업이 복리수익을 내는 좋은 '해자 기업'이라고 (옳든 틀리든 간에) 강하게 믿는다면, 주가가 조금 혹은 다소 과대평가되었다고 해서 매도해서는 안 된다. 그러나 주가가 크게 과대평가되었다면, 최소한 보유량의 일부는 매도해야 한다.

워런 버핏도 1990년대 말 코카콜라 주가가 매우 높게 평가되었을 때 그 일부를 매도했어야 했다고 고백한 바 있다. 결과적으로 분명 그렇긴 하지만, 버핏 진영의 일부 투자자들은 전 세계적으로 매우 많은 코카콜라가 팔리고 있기 때문에 주가가 더 상승할 여지가 많다고 생각했다. 앞서 내가 말한 것처럼, 어떤 면에서 버핏 투자법의 안전마진은 내재가치에서 할인된 가격만큼이나 기업의 (확인된) 질에도 존재할 수 있다.

나는 1982년 시장 저점 근처에서, 당시 매우 소규모였던 우리 펀드에 맞게 버크셔 해서웨이 주식을 한 주 매수했다. 당시 버크셔 해서웨이 주가는 이미 증명된 버핏의 탁월한 장기 실적에도 불구하고 장부가에서 할인된 가격이었다.

몇 년 후 버크셔 해서웨이 주가는 장부가에 프리미엄이 붙은 가격으로 상승했고, 이때 나는 그 주식을 매도했다. 큰 실수였다. 나는 버크셔 해서웨이와 다소 비슷한 그러나 버크셔 해서웨이만큼은 전혀 아닌 유럽 대륙의 여러 지주회사들에 익숙했기 때문이었다. 결론적으로 지주회사에 대해 좀 더 잘 알았어야 했다.

내가 말하고자 하는 요점은 충분히 의미 있는 긴 시간 동안 회사의 실적이 매우 좋으면, 주가가 현행 내재가치에서 조금 혹은 약간 프리미엄이 붙은 가격이 되어도 보유해야 한다는 것이다.

2002년 나는 15년 전 매도한 것보다 훨씬 높은 가격에 버크셔 해서웨이 주식을 다시 매수했다.

"투자는 단순하지만 쉬운 것은 아니다"

사실 벤저민 그레이엄과 워런 버핏은 투자를 어느 정도 단순화했다. 적어도 (투자업계의 골칫거리인) 컨설턴트들, 그리고 월스트리트와 비교하면 그렇다. 나는 기분이 좋을 때는 "월스트리트는 거대한 판촉조직에 불과하다"고 말하고, 기분이 좋지 않을 때는 "월스트리트는 도둑놈 소굴"이라고 한다.

그러나 투자는 쉬운 것이 아니다. 판단력을 발휘할 필요가 있는 워런 버핏의 투자법에서는 특히 그렇다. 그리고 (버핏 투자법에 비해 판단에 덜 의존하는) 그레이엄 스타일의 주식도 많지 않다. 해외 주식시장에 상장된 일부 소형주와 초소형주 등을 제외한다면 말이다.

해외시장에서도 효과적인 가치투자

1980년대에 미국의 가치투자자들 중 해외 증권에 관심을 보인 사람은 매우 드물었다. 그런데 유럽 출신인 나는 해외 증권에 관심을 가졌다. 사실 1980년대와 1990년대 유럽 대륙에서는 대부분의 소형주가 헐값에 매매되고 있었다. 유럽 현지 기관들은 지수에 포함된 대형주들을 매매하는데 바빴다. 최소한 1980년대 유럽 시장에는 외국인들이 아직 없었다.

그리고 독일의 (프랑스, 스위스, 네덜란드에서도) 많은 기업들은 매우 보수적인 회계를 하고 있었다. 내 친구 중 하나는, 회계는 사람의 사고방식을 반영하는 것이라고 했다. 일반화하는 것은 잘못이지만, 독일인들은 미래에 대해 걱정하는 경향이 있었다. 그것이 바로 '독일의 불안감 German Angst'이다(근대 이후 겪은 굴곡진 역사적 경험 때문에 그간 당연시하던 모든 것을 한순간에 잃어버릴지 모른다는 독일 특유의 두려움. 최근에는 이런 식의 두려움을 뜻하는 보다 일반적인 개념으로 사용되기도 한다—옮긴이). 그래서 독일의 회계는 매우 가상의 리스크들까지도 반영했다.

그리고 1980년대 초 홍콩에서 나는 현지 중국인들이 도박사 기질이 있기 때문에 나에게는 홍콩 시장이 맞지 않을 것이라는 말을 들었다. 그러나 장기 가치투자자인 우리는 홍콩 시장에서도 좋은 실적을 냈다(7장의 쇼 브러더스Shaw Brothers 투자 사례를 참조해 주기 바란다).

외국 시장 특히 신흥국 시장에서 최고의 기회는 주식시장과 현지 통화가 모두 급락한 후에 나타나는 경우가 많다. 그 후 시장이 회복하면 통화도 함께 회복되곤 하는데, 이러한 시장과 통화의 이중 회복은 이전의 이중 하락이 끔찍했던 만큼이나 즐거운 일이 될 수 있다.

1980년대 처음 5년은 나 혼자 일하고 있었기 때문에 해외 투자, 대부분은 내 모국이 있는 유럽 대륙 증권에 몇 번 들어가 보는 시도만 했었다. 1986년과 1987년에 각각 고용했던 엘리자베스와 샤를도 유럽 대륙 출신이었다. 그렇다고 우리가 현지 투자자들보다 정보력이 더 좋았을까? 물론 그렇지는 않았다. 그러나 현지 투자자들 중에는 가치투자자가 (설혹 있다손 해도) 별로 없었다. 이들의 시간 지평은 대부분 길어야 몇 개월이었다. 반면 우리의 시간 지평은 최소한 5년 정도였으므로, 우리는 기업을 다른 각도에서 보았다.

또 때로는 정보 자체보다는 정보의 해석이 중요하다. 예를 들어 우리는 스위스의 화물운송업체 퀴네앤드나겔

Kuhne & Nagel에 투자했었다. 과거 퀴네앤드나겔의 기업공개는 성공적이지 못했다. 이 작은 회사를 잘 이해하는 투자자가 많지 않았기 때문이다. 퀴네앤드나겔은 트럭, 항공기, 선박은 전혀 보유하지 않았음에도 트럭회사와 비교되었다. 그러나 우리가 파악하기에 퀴네앤드나겔은 세계적인 교역 증가로 혜택을 누리는 매우 수익성 있는 서비스업체였다.

해외에 투자할 때는 환 헤지currency hedge 문제가 발생한다. 자신의 전체 해외 투자자산에 대해 헤지하는 투자자들이 있는 반면, 헤지를 전혀 하지 않는 투자자들도 있다. 극단적인 상황이 발생하면 상당한 피해를 볼 수 있지만, 이 두 방법 모두 일리가 있다. 전자의 경우 투자자는 해외통화가 강세를 보이는 기간에는 그로 인한 혜택을 누리지 못하며, 후자의 경우 투자자는 해외통화가 하락하는 기간에는 (아마도 해당 해외 투자자산의 달러 가치가 하락하는 시점까지) 고통을 받는다.

우리는 통화에 투기하는 것을 원하지 않았으므로, 구매력 측면에서 해당 통화가 크게 과대평가되었다고 생각하는 경우에만 헤지를 (그것도 부분적으로만) 했다.

내가 파리에 살던 시절, 파운드화가 크게 저평가되면

프랑스인들이 주말에 런던에 가서 쇼핑하고, 반대의 경우는 영국인들이 파리로 왔던 기억이 난다. 같은 현상이 오늘날 미국과 캐나다 국경지역에서도 벌어지고 있다.

두 통화가 구매력 측면에서 적절한 균형을 이루기까지는 보통 오랜 시간이 걸리기 때문에, 내가 방금 말한 이런 식의 단계가 상당 기간 계속될 수도 있고 그렇지 않을 수도 있다.

기술적 매매자들이 시장에서 승리할 수도 있겠지만 영원히 그럴 수는 없을 것이다. 내가 볼 때, 차트에 기초한 이른바 기술적 매매는 전혀 타당하지 않다. 다만 충분히 많은 사람이 그것을 믿는다면, 잠시 동안은 효과를 낼 수 있을 것이다.

내가 활용하는 가치평가 지표

대부분의 투자자들은 주당순이익 대비 주가 배수인 PER(주가수익배수)로 주식의 가치를 평가한다. 그런데 나는 재무상태표를 관심 있게 보는 EBIT 대비 기업가치(EV) enterprise value 배수를 선호한다(가치투자자들은 재무상태표에 많은 관심을 갖는다).

과도한 레버리지는 양방향으로 작용할 뿐만 아니라(부

채는 사업이 잘되는 좋은 시기에는 도움이 되고, 사업이 안 되는 어려운 시기에는 고통이 된다), 기업이나 투자자의 사업 및 투자 유지력staying power을 감소시키거나 없애버리기 때문에 문제가 될 수 있다. 기업의 경우 경기 저점에 자본적 지출을 하지 못하면 경쟁력이 약화될 수 있다. 그리고 투자자에게 투자 유지력은 매우 중요한데, 가치투자자는 당연히 장기 투자자이기 때문에 특히 그렇다.

기업가치는 간단하게 주식의 시가총액에 순금융부채를 더한 것, 아니면 시가총액에서 순현금을 뺀 것이다. 그리고 EBIT는 이자 및 세금 차감 전 이익이다. 이 두 지표 모두에 관심을 가져야 한다. 또한 가치투자자들은 안전성, 즉 건전한 재무상태표를 중시하기 때문에 이자비용이 적거나 없어야 한다.

나는 세금을 매우 적게 내는 기업들은 항상 조금 의심한다. 세무당국을 속이고 있거나 허술한 법망을 이용하고 있는 것으로 보기 때문이다(당국은 이런 기업을 찾아 처벌하거나 법의 허점을 없애버릴 것이다. 그러나 반드시 그럴 것이라고 너무 기대하지는 말자. 세법은 정치인들이 친구들에게 보상을 제공하고 적에게 벌을 주는 방편으로 사용하는 괴물 같은 것이다). 그렇지 않다면, 그 기업은 이익보고서에 보고한 만큼 돈을 버는 것이 아닐 수도 있다.

그러나 홍콩처럼 세율이 낮은 경우는 예외다. 일부 국가들에서는 기업에 적용하는 법인세율 자체가 낮기 때문이다.

내가 많이 활용하는 평가 지표는 EBIT 대비 기업가치 배수(EV/EBIT)다. 지금까지의 투자 사례들을 보면 다소 좋은 기업의 경우 EV/EBIT 6~8배까지, 정말 매력적인 기업은 8~10배까지 기꺼이 돈을 지불했다. 이 가운데 아주 예외적으로 어떤 기업은 EV/EBIT가 10~12배인 경우도 있었다. 그런데 EV/EBIT가 매우 낮고 순현금이 매우 많은 경우는 주가가 조금만 올라도 EV/EBIT가 크게 상승할 것이다. 산술적으로 그렇다.

이론적으로 보면, 오늘날에는 금리가 매우 낮기 때문에 상대적으로 높은 EV/EBIT 배수에도 가격을 지불해야 한다.

그런데 가장 중요한 가격인 금리는 현재 당국에 의해 인위적으로 낮춰진 상태다. 당국이 말하는 이른바 양적 완화는 나로서는 가증스럽게 느껴진다. 양적 완화가 낮은 수준의 경제 회복을 가져왔고, 주식시장, 채권시장, 고가의 부동산시장, 현대미술품시장을 일시적으로 상승시킨

것은 사실이다. 하지만 의도치 않은 부정적인 결과를 초래할 수도 있다.

무엇보다도 돈은 공짜로 여겨져서는 안 된다. 당국이 또다시 시스템의 부채 수준(레버리지)을 높일 수 있다는 것만이 유일한 희망이 되어서는 안 된다. 만일 이렇게 된다면 몇 년 후 새로운 금융위기가 발생할 수 있고, 이는 신이 노아에게 말한 이른바 '불의 심판the fire next time'처럼 끔찍한 것이 될 수 있다. 여러 시장에서 인위적으로 거품을 만드는 것은 '문제 해결을 뒤로 미루는' 또 다른 방법에 불과하다. 게리 마놀로비치Gerry Manolovici가 말한 것처럼 "자산가치는 일시적이지만, 부채는 영원하다".

현금흐름할인과 리스크의 본질

현금흐름할인법은 이론적으로는 매우 타당하다. 그러나 실제로는 사용하기 어렵다.

첫째, 잔여가치residual value가 순현재가치의 반 이상을 차지하는 경우가 많으므로 분석가는 향후 5년, 7년, 혹은 10년 후 해당 기업의 상황뿐만 아니라 그 이상의 것도 (정확한 숫자로) 아는 체 한다.

둘째, 현금흐름할인모형에 포함된 변수들을 조금만 바

뛰어도 결과는 크게 달라진다. 바로 이 때문에 분석가는 자신이 원하는 수치를 쉽게 얻을 수 있다. 그래서인지 투자은행들은 현금흐름할인법에 기초해 평가하는 것을 매우 좋아한다.

리스크의 경우, 매우 성공한 자산운용사 오크트리캐피털Oaktree Capital의 창립자 하워드 마크스는 그의 저서 『투자에 대한 생각The Most Important Thing』에서 3개의 장을 할애해 그 중요성에 대해 말하고 있다. 그리고 하워드 마크스를 좋아하던 마틴 휘트먼은, 일시적인 자본평가손실과 영구적인 자본잠식 간의 핵심적인 차이를 구별했다. 전자는 전혀 걱정할 게 없는 일이고, 후자야말로 진정한 리스크라는 것이다. 따라서 학계에서 말하는 것과 달리 변동성은 리스크가 아니다.

워런 버핏이 말한 것처럼 "장기적으로 오르락내리락하면서 얻는 15%의 복리수익을 원하는가? 아니면 계속 오르기만 해서 얻는 10%의 복리수익을 원하는가?" 그 답은 자명하다. 후자를 택하는 사람이라면, 아마도 버니 메이도프Bernie Madoff(나스닥증권거래소 회장 출신의 전직 금융인. 역사상 최대 규모의 폰지 사기 주동자이다—옮긴이)같은 사람일 것이다.

우리가 해외지점을 두지 않는 이유

나는 벤저민 그레이엄의 가치투자와 워런 버핏의 가치투자, 그리고 미국에서의 가치투자와 미국 밖에서의 가치투자 모두 타당하다는 데 추호의 의심도 없다.

그런데 우리의 운용자산이 증가하면서 "아시아와 유럽에 해외지점을 두는 것은 어떤가?" 하는 질문을 받기도 한다. 그런 경우 나는 해외지점을 둘 경우 그곳의 우리 직원들이 (가치투자자가 설혹 있다 해도, 매우 드문) 현지인들의 영향을 받아서 그들의 특성을 이용하기보다는 받아들이게 될까봐 걱정된다고 답했다.

장기적으로 시장은 벤저민 그레이엄이 말한 것처럼 기업의 실체를 정확히 재는 '체중계'가 될 것이기 때문에 그렇다.

해외투자에서 겪은 특별한 경험들

우리가 해외투자에서 겪은 특별한 경험들 중 유럽 대륙에서 겪은 세 가지 경우를 소개하고자 한다. 하나는 우리가 독일의 연고주의 문화에 희생된 경우이고, 두 번째는 우리의 가치투자와 닮은꼴인 한 유럽 기업 창업자의 경영철학에 관한 것이다. 그는 수많은 미국 기업들과 달리 회사의 장기적인 이해에 초점을 맞추고 있었다. 세 번째는 우리 주장의 정당성을 알리기 위해 신문 광고지면까지 사야 했던 경우다.

(1) 연고주의 문화에 희생된 경우 : 부데루스Buderus는 유명한 주거용 보일러 제작사 중 하나다.

우리는 조사를 통해 독일 회사인 부데루스와 비상장기업 발리안트Valiant 두 곳이 최고의 보일러를 만들고 있다고 믿게 되었다. 그리고 이들의 보일러 제품 가격은 평균을 다소 웃도는 수준이었다. 이 대목에서 질문을 할 수 있다. "가격이 더 중요한가? 아니면 보일러(혹은 신발 한 켤레)의 성능과 내구성이 더 중요한가?" 그 답은 대부분의 경우 후자다. 독일 소비자들도 이를 잘 이해하고 있었다.

부데루스의 사업은 그리 자본집약적이지 않았다. 부데루스는 하청업체들이 납품하는 부품들을 조립하기만 하면 되었고, 하청업체 중 일부는 중부 유럽에 있었다. 그래서 우리는 1990년대에 이 주식을 매수하기 시작했다. 당시 주가는 쌌는데, 보일러 제조는 '구경제'에 속했기 때문이었다.

회사가 직원 사택으로 제공하던 19세기 말에 지어진

많은 주거용 건물 등 회사의 주요 주변 자산을 고려하지 않고 봐도 주가는 쌌다. 성장잠재력은 평범했지만 충분한 잉여현금흐름을 가진 부데루스는 그런 부동산을 계속 보유하고 있었다.

1990년대 말이 되자 우리는 부데루스의 지분을 약 10% 보유하게 되었다. 당시 또 다른 독일 회사도 부데루스의 지분을 상당량 보유하고 있었다.

그런데 독일의 거대기업 (그러나 아직 비상장기업이었던) 보쉬Bosch가 부데루스의 인수를 제안했다. 그러나 보쉬가 제안한 인수가격은 우리가 보기에 30%나 낮은 가격이었다. 독일 회사인 다른 주요 지분 보유사도 우리 의견에 동의하는 것처럼 보였다. 우리는 보다 좋은 가격이 제시되기를 기다렸다. 그런데 이런 기다림도 헛되이, 독일의 그 다른 주요 지분 보유사는 보쉬가 원래 제안한 가격에 자신의 지분을 매도하기로 했다.

우리는 1~2년 후 보쉬가 부데루스 지분 100%를 확보하기 위해 우리에게 보다 나은 가격을 제시할 것이라는 희망을 갖고 우리 지분을 계속 보유했다.

그러나 뮤추얼펀드 주식은 매일 가격이 매겨졌다. 그리고 우리를 제외한 대부분의 주주가 보쉬에 주식을 넘길

예정이었기 때문에 부데루스 주가에 대한 확신도 없었다. 더욱이 부데루스는 우리 펀드에서 큰 비중을 차지하고 있던 종목이었다. 결국 우리도 매우 무거운 마음으로 지분을 보쉬에 넘겼다.

이 이야기의 교훈은 유럽 대륙에서의 사업은 현지인들끼리 서로 밀어주고 당겨주고 하는 사교클럽적인 경향이 다소 있다는 것이다.

(2) 창업자가 회사의 장기적 이해에 초점을 맞춘 경우 : 소덱소Sodexo는 부데루스 사례와는 달리 즐거운 경우다.

소덱소는 파리에 본부를 둔 글로벌 급식서비스 기업이다. 학교, 병원, 기업의 구내식당, 미국 해병대 등에 급식을 제공하고 있다. 소덱소는 영국의 콤파스Compass, 미국의 아라마크Aramark와 함께 세계 3대 급식서비스 기업에 속한다. 아라마크는 몇 년 전 차입매수(LBO)leveraged buy-out로 인수되어 최근 기업공개를 했다.

급식서비스업은 노동집약적이므로 (소덱소는 80개국에서 40만 명 이상을 고용하고 있다) 직원들에게 많은 관심을 기울여야 한다(소덱소의 CEO 미셸 랑델Michel Landel은 〈파이낸셜타임스〉의 한 기사에서 기업의 문화와 가치가 소덱소 같은 큰 조직을 하나로 유지하는 접착제 역할을 하고 있다고 했다).

소덱소는 매우 성공적이었고, 따라서 소덱소 주식은 투자자들이 좋아하는 주식이 되었다. 그런데 그 후 영국 자회사에서 일시적인 약간의 문제들이 있었다. 그러자 투자자들은 소덱소가 콤파스보다 수익이 낮아 보이는 이유를 따지기 시작했다. 그런데 몇 년 후 전형적인 영국식 회계를 하던 콤파스의 회계가, 아주 최소한으로 말해서, 그리 보수적이지는 않다는 것이 밝혀졌다.

아무튼 지금도 여전히 대주주인 소덱소의 창업자 피에르 벨롱Pierre Bellon은 파리의 포트폴리오 매니저 및 애널리스트들과 껄끄러운 관계였다. 그가 보기에 이들은 단기적인 시각을 갖고 있었다.

우리는 소덱소의 주가가 보다 적절한 수준까지 떨어졌을 때 이 주식을 매수했고, 소덱소는 우리 펀드의 대규모 보유 종목이 되었다. 특히 우리는 수익성이 매우 높던 소덱소의 쿠폰 사업을 좋아했다.

몇 년 후 피에르 벨롱(현재는 소덱소 이사회 의장)은 우리가 장기 투자자라는 것을 알게 되었고, 우리 회사 선임 애널리스트 척 드라드멜과 좋은 관계를 맺었다. 피에르 벨롱은 뉴저지 주에서 열린 소덱소 미국법인 임원모임에서,

회사의 장기적인 이해에 초점을 맞춘 자신의 경영철학과 매우 유사한 우리의 가치투자법에 대해 강연해 줄 것을 요청하기도 했다.

이 사례의 교훈은 우리와 우리가 투자한 기업의 창업자가 서로 마음이 맞았다는 것이다. 그 결과 우리는 사무실에서 샴페인을 터트릴 수 있었다.

(3) 우리가 주주 행동주의자가 된 경우 : 르그랑Legrand은 스위치 같은 저압전기장비를 제조하는 회사다. 이 사업의 좋은 점은 소비자가 상품 값을 지불하기 때문에 전기기사들이 가격보다는 제조사가 제공하는 제품과 서비스의 질에 훨씬 큰 관심을 갖는다는 것이다.

가격이 쌌기 때문에(마틴 휘트먼이 말한 것처럼 우리는 매수하는 주식이 "안전하고 저렴한" 것이길 원한다) 우리는 르그랑의 우선주(무의결권주)를 매수했다. 당시 르그랑의 우선주는 보통주(의결권주)보다 40% 정도 할인된 가격이었다. 기관투자가들은 지수에 포함되었다는 이유로(어리석은 이유다) 보통주를 선호하는 경향이 있었다.

르그랑은 가족이 지배하는 기업이었으므로 소액주주들의 의결권은 그만한 가치가 거의 없었다. 그리고 우선주에는 보통주보다 훨씬 많은 배당금이 지급되고 있었다. 따라서 우리는 르그랑의 우선주에 대규모 포지션을 갖게 되었다. 르그랑 우선주는 보통주만큼의 유동성은 없었지만, 장기 투자를 지향하는 우리 목적에는 충분히 부합할 만큼 잘 매매되고 있었다.

그런데 프랑스 대기업 슈나이더 일렉트릭Schneider Electric이 르그랑을 인수하기로 했다. 이들은 보통주에는 적정 가격을 제시했지만 우선주에는 형편없는 가격을 제시했다. 슈나이더는 지금까지 르그랑 우선주 가격이 보통주보다 평균 40% 할인된 수준이었다고 말하면서 시장은 항상 효율적이라는 점을 내세우기도 했다. 그런데 시장이 항상 효율적이라는 주장은 우리가 보기에 틀린 것이었다.

그러나 우리 주장을 프랑스 언론에 알리는 것이 다소 힘들어 보였기 때문에(실망스럽게도 프랑스 규제당국은 매우 형편없는 논리로 슈나이더의 르그랑 인수를 승인했다) 나는 르그랑에 관한 입장문을 하나 쓴 뒤 프랑스의 한 신문사에 전화를 걸었다(책 뒤에 수록한 〈부록 A〉를 참조해 주기 바란다). 이 신문사는 우리의 지면광고 주문에 기뻐했지만, 이틀 후 다시 전화를 걸어와 윗분들이 우리의 입장문 논조를 별로 좋아하지 않는다고 했다. 사실 논조가 투박하

긴 했다.

우리는 다른 신문사 두 곳에 전화를 했고, 다행히 이들은 우리에게 광고지면을 팔기로 했다. 우리의 입장문은 파리 금융업계에 소동을 불러일으켰다. 어떤 이들은 우리를 '프러시아인'이라고 불렀다. 이는 우리의 모기업 안홀드 앤 S. 블라이크뢰더Arnhold and S. Bleichroeder의 기원을 암시하는 것으로 (1870년 보불전쟁에서 프랑스군이 프러시아군에게 패했기 때문에) 프랑스에서는 좋은 의미가 아니었다. 한 유명한 프랑스 법률회사는 우리를 기소하겠다는 편지를 보내기도 했다. 공허한 위협이었다.

이 사례의 교훈은 효율적 시장가설은 웃기는 말이지만, 워런 버핏과 행동경제학파의 노력에도 불구하고 쉽게 죽지 않고 있다는 것이다.

일부 프랑스 투자자들은 소송을 제기했고, 법원은 르그랑 우선주의 할인율을 40%에서 20%로 줄이라고 판결했다. 완전한 승리는 아니었지만 아무것도 얻지 못하는 것보다는 나았고, 따라서 법원 판결대로 되었다.

그 후 EU 집행위원회는 경쟁 훼손을 이유로 슈나이더의 르그랑 인수를 불허했으며, 결국 르그랑의 지배권은 프랑스의 한 지주회사(방델Wendel)와 미국의 사모펀드

(KKR)가 인수하게 되었다.

가치투자자의 자세

가치투자자들은 독립적으로 생각하려고 한다. 따라서 두 명의 가치투자자가 있다고 해도 이들이 서로 똑같은 것은 아니다. 이들은 벤저민 그레이엄과 워런 버핏, 두 가치투자 거장의 가르침을 자신에 맞게 적절히 조정한다.

그러나 그레이엄 추종자든 버핏 추종자든 혹은 우리 퍼스트 이글처럼 이 둘 모두를 추종하든, (일시적인 가치투자자가 아닌) 진정한 가치투자자들은 그레이엄이 말한 것처럼 미래는 불확실하며, 따라서 안전마진을 두어야 하고, 미스터 마켓은 변덕스럽게 행동하며(그러므로 효율적 시장가설은 허튼소리이고) 기업에는 내재가치라는 것이 있다는 것을 믿는다.

그리고 워런 버핏이 말한 것처럼 어떤 기업은 지속가능한 경쟁우위(해자)를 가졌기 때문에 다른 기업들보다 좋고, 이런 '복리성장기업'들은 드물기 때문에 열심히 찾아야 하며, 이들의 밸류에이션이 적절하면 투자해야 한다고 믿는다.

가치투자자는 길게 본다

벤저민 그레이엄이 말한 것처럼,
주식시장은 단기적으로는 '개표기'와 같지만
장기적으로는 '체중계'와 같다.
따라서 대부분의 투자자들이 6~12개월의 시간지평을 갖는 데 비해
가치투자자들의 시간지평은 5년 혹은 그 이상이다.

워런 버핏의 「그레이엄과 도드 진영의 슈퍼 투자자들」

1984년 워런 버핏은 컬럼비아대 경영대학원에서 펴내는 정기간행물 〈헤르메스Hermes〉에 「그레이엄과 도드 진영의 슈퍼 투자자들The Super-Investors of Graham and Doddsville」이란 글을 기고했다. 당시 이미 확실하던 그의 투자자로서의 성공은 자신의 능력뿐 아니라 자신이 사용한 투자법이 건전했기 때문이라는 요지의 글이었다.

그는 이런 주장을 입증하기 위해 자신의 장기적인 투자 실적과 함께 그레이엄 투자법에 가까웠던 월터 슐로스 같은 사람을 포함해 다른 가치투자자 9명의 실적을 분석했다. 그리고 자신을 포함해 이 10명의 가치투자자 모두 장기적으로 평균을 훨씬 뛰어넘는 좋은 실적을 냈음을 보여주었다.

루이스 로웬스타인의 『투자자의 딜레마』

2004년 루이스 로웬스타인Louis Lowenstein은 버핏의 1984년 글을 업데이트하는 차원에서 세쿼이아 펀드Sequoia Fund를 운용하고 있던 밥 골드파브Bob Goldfarb에게 10개의 대표적인 가치투자펀드 이름을 알려달라고 했다. 완전공시 차원에서 말하면, 그 명단에 우리 퍼스트 이글 글로벌 펀드도 포함되었다(우리 펀드 이름을 넣어준 골드파브에게 감사드린다).

루이스 로웬스타인도 이 10개의 가치투자펀드가 모두 장기적으로 평균을 훨씬 상회하는 좋은 실적을 냈다는 것을 보여주었다. 루이스 로웬스타인의 글은 뮤추얼펀드산업 전체에 대한 매우 비판적인 그의 책 『투자자의 딜레마The Investor's Dilemma』에 실려 있다.

대부분의 대형 뮤추얼펀드 그룹들은 (그리 크지 않은 뮤추얼펀드들도) 자신의 회사를 일종의 '자산수집기asset gathering machines'로 보는 마케팅 지향적인 사람들이 운영하고 있다. 그러나 우리 퍼스트 이글 펀드First Eagle Funds는 광고에는 한 푼도 지출하지 않고 있다. 우리는 광고가 필요한 '브랜드'가 아니다. 우리는 화장품을 팔고 있는 것이 아니다. 우리는 우리 펀드 주인들의 돈을 잘 관리하는 집사가 되려는 것뿐이다. 물론 우리도 명성을 원하지만, 그것은 브랜드가 되는 것과는 전혀 다른 것이다.

다시 한 번 완전공시 차원에서 말하면, 『투자자의 딜레마』에서 루이스 로웬스타인은 우리 퍼스트 이글 글로벌 펀드를 좋게 평가해 주었다. 그 덕에 내가 여기서 루이스 로웬스타인을 인용하고 있는 것이다.

가치투자자가 소수인 이유

그렇다면 가치투자가 이렇게 타당하고 장기적으로 효과적인데, 가치투자자 수는 왜 그렇게 적은 것일까?

수십 년 동안 세쿼이아 펀드를 성공적으로 운용한(너무 잘 운영한 탓에 이 펀드는 대부분의 기간 동안 신규 투자자들에게 개방되지 않았다) 빌 루안Bill Louane은 20년 전, 대략적으로 말해 그레이엄에서 버핏까지 그 사이에 있는 모든 가치투자자를 포함해도 전문 투자자의 약 5%만이 진정한 가치투자자라고 추산했다. 나는 지금도 진정한 가치투자자는 5% 정도에 불과하다고 보고 있다. 그리고 미국 밖 해외의 가치투자자는 5%보다도 훨씬 적다.

나보다 훨씬 뒤에 HEC(파리경영대학)를 다닌 두 명의 젊은 이탈리아인 주세페 페로네Giuseppe Perrone와 마르코

소르마니Marco Sormani가 10여 년 전 루이스 로웬스타인의 책에서 내 이름을 발견했다. 그리고 이들은 오마하에서 열리는 버크셔 해서웨이 주주총회에 참석하는 길에 뉴욕에 들러 나와 만나기로 했다. 이들은 버핏 스타일의 진정한 가치투자자로 프랑스에서 살았으며, 컨설턴트로 몇 년을 보낸 후 바렌캐피털Varenne Capital이라는 투자자문사를 설립했다. 지금도 그렇지만 당시에도 프랑스에는 가치투자자가 매우 드물었다.

두 젊은이가 마음에 들었던 나는 바렌캐피털의 소수지분을 매수하기로 했다. 그리고 후에 그들 펀드 중 하나에 투자했다. 그들은 10년 이상 좋은 실적을 냈지만, 그들의 운용자산은 최근에서야 5억 유로가 되었다. 자기 홍보를 잘하는 사람들은 일시적이기는 하지만 빠르게 자산을 모집하는 반면, 좋은 투자자들은 인정받는 데 오랜 시간이 걸리기도 한다.

다시 본론으로 돌아와, 그렇다면 가치투자자는 왜 이렇게 적은 것일까?

그 주된 이유는 심리적인 것에 있다. 가치투자자는 장기 투자자다. 벤저민 그레이엄이 말한 것처럼 "주식시장은 단기적으로는 (투자자들이 증권의 매수와 매도를 통해 투표하고, 시장심리가 결정요인이 되는) 개표기와 같지만, 장기적으로는 (기업의 실체를 정확히 측정하는) 체중계와 같다". 따라서 대부분의 투자자들이 6~12개월의 시간지평을 갖는 데 비해 가치투자자들의 시간지평은 5년 혹은 그 이상에 더 가깝다.

그리고 사실, 브루스 그린왈드가 즐겨 말한 것처럼, 때로는 1년 전망보다 10년 전망이 더 쉬운 법이다. 10년 전망은 구체적인 숫자를 제시하기보다는 해당 기업이 지속가능한 경쟁우위, 워런 버핏의 용어로 '해자'를 갖고 있는지 아닌지를 파악하는 일이다. 그러나 1년 전망의 경우 월스트리트는 사실상 계산하기 어렵거나 (경영진의 조작 등으로) 의심스러움에도 불구하고 정확한 숫자를 제시해야 한다. 주당순이익의 경우 센트 단위까지도 제시한다.

따라서 가치투자자는 단기적으로 벤치마크 지수나 다른 투자자들을 이기려 하지 않는다. 그래서 투자 컨설턴트들이 두려워하는 '추적오차tracking error(수익률이 지수수익률에 미치지 못하는 상태-옮긴이)'를 가치투자자는 두려워하지 않는다. 이것이 의미하는 바는 가치투자자는 자신이 이따금 벤치마크나 시장에 뒤처질 수 있음을 미리 받아들인다는 것이다.

1990년대 말의 퍼스트 이글 펀드

우리 펀드들은 1980년대에 몇 차례 그리고 1990년대 들어와 처음 몇 달간 시장에 약간 뒤처진 적이 있었다. 그러나 1990년대 말에는 'TMT(기술, 미디어, 통신) 열풍'에 동참하지 않음으로써 3년 연속(1997, 1998, 1999년) 시장에 크게 뒤처졌다.

이 당시, 뒤처지고 1년이 지났을 때 우리 펀드의 주주들은 불편해했고, 2년 후에는 격분했으며, 3년 후에는 떠나버렸다. 1997년 가을에서 2000년 봄까지 3년도 안 되는 기간 동안 (내가 1979년부터 운용해서 장기 실적을 보유하고 있던) 퍼스트 이글 글로벌 펀드의 주주 70%가 빠져나갔다.

1997년 우리 펀드들이 환매에 시달리기 시작하자 (당시 우리의 모기업인) 파리의 소시에테 제네랄 본부는 우리 회사를 매각하기로 했다. 그런데 이들이 너무 높은 매각 가격을 제시하는 바람에 첫 번째 매각 시도는 실패했다. 그리고 마침내 세기 전환기에 안홀드 앤 S. 블라이크뢰더가 인수자로 나서면서 우리 회사의 지배권이 바뀌었다.

뒤처지는 것은 고통이지만, 그뿐이다

1990년대 말 우리가 뒤처졌던 때로 다시 돌아가 보자.

뒤처진다는 것은 심리적으로도 고통스럽고(나만 바보인가? 하는 생각이 들기 때문에), 재정적으로도 힘겨운 일이다. 극단적인 경우 직장을 잃는 사람도 있다. 제레미 그랜섬Jeremy Grantham은 이를 '경력 리스크career risk'라고 했다. 솔직히 직장을 잃을까 두려워하는 것은 부끄러워할 일은 아니다. 그리고 인간의 본성은 심리적이든 재정적이든 고통을 꺼린다.

군중이 낭떠러지로 달려가고 있다는 것을 알고 있더라도, 군중과 멀리 떨어져 있기란 사실 쉬운 일이 아니다. 나는 1998년 시스코를 이익의 100배나 되는 가격에 매수하는 것을 거절했지만, 1999년 '지붕이 무너지기 전' 시스코의 가격은 이익의 200배까지 올랐다. 성장투자자, GARP(그리 높지 않은 적절한 가격의 성장주) 투자자, 모멘텀 투자자, 기술적 투자자 등 어떻게 부르든 가치투자자가 아닌 다른 대다수 투자자들은, 최소한 내가 종사하는 뮤추얼펀드업계에서는 지금 내가 말하고 있는 이런 문제에 대해 고민하지 않는다. 군중 속에 있는 것이 더 따뜻하니까 말이다.

대부분의 뮤추얼펀드는 '유사 지수펀드closet indexers'다. 이들의 포트폴리오는 단기적으로 지수에 뒤처지지 않기 위해 지수와 비슷하게 구성되어 있다. 이들은 감히 군중과 멀리 떨어지지 못하며, 혹 군중에게서 떨어져나왔다 해도 그 다음 몇 달 동안 효과를 내지 못하면 곧바로 무리 속으로 돌아간다.

워런 버핏은 장기적으로 성공한 투자자가 되기 위해 필요한 것은 높은 IQ가 아니라 기질이라고 말한 바 있다. 내가 보기에 이 말은, '적절하다고 생각될 때'면 기꺼이 군중과 반대로 갈 수 있어야 한다는 것을 의미한다. 물살을 거슬러 헤엄치듯이 말이다. (단, 적절하다고 생각될 때만 그래야 한다. 그냥 늘 반대로 하면 기계적인 반대투자자에 불과하다.)

나는 물살을 거슬러 헤엄치는 것을 개의치 않는다. 이에 대해 누군가 "그래요? 왜 그러죠?" 하고 물은 적이 있다. 확실하지는 않지만, 굳이 그 이유를 말해야 한다면 이렇다. 1950년대 프랑스에서 자라던 어린 시절 나는 일요일마다 성당에 갔다. 신부는 설교를 위해 일어나 이렇게 말하곤 했다. "이 세상에서 행복해질 것을 기대하지 마십시오. 이 세상은 눈물 계곡입니다." 그래서 나는 매일 행복을 기대하는 많은 미국인과 달리, 물살을 거스르는 고통을 좀 더 잘 받아들이는 것 같다.

2차 세계대전 당시의 여성 세미프로야구팀을 다룬 〈그

들만의 리그〉라는 영화가 있다. 이 영화에서 팀 내 최고의 선수가 야구를 그만두겠다고 하자 코치가 그 이유를 물었다. 그 선수는 야구가 너무 힘들다고 했다. 그러자 코치는 몹시 흥분해 이렇게 소리쳤다. "그래, 당연히 힘들지. 원래 힘든 운동이야. 그렇지 않다면 누구라도 야구를 하고 있을 테니까. 그렇게 힘들기 때문에 위대한 운동인 거야." 삶에 있어서 가치 있는 대부분의 것들은 그것이 야구든 투자든 간에, 하기 어렵고 힘든 일이다.

한 마디 더 덧붙이자면, 2014년 오스트레일리아 오픈과 2015년 프랑스 오픈에서 우승한 스위스의 테니스 스타 스탄 바브린카Stan Wawrinka는 "노력했고, 실패했다. 괜찮다. 또 노력하고, 또 실패하라. 좀 더 잘 실패하라Ever tried, ever failed. No matter. Try again, fail again. Fail better"는 1969년 노벨문학상 수상자 사뮈엘 베케트Samuel Beckett의 말을 문신으로 새겼다. 겸손에 대한 헌사일 뿐 아니라 노력에 대한 헌사이기도 하다. 그리고 겸손과 노력은 가치투자자가 최선을 다해 추구해야 할 덕목이다.

가치투자자가 소수인 또 다른 이유

보다 덜 중요하기는 하지만 가치투자자가 드문 또 다

른 이유가 있다. 가치투자를 하기 위해서는 힘든 분석 작업이 필요하기 때문이다.

월스트리트와 다른 여러 나라 투자업계의 분석 대부분은 그 시간지평이 6~12개월이다. 그런데 단기적인 시간지평을 가지고 기업을 보는 것과 장기적인 시간지평을 가지고 기업을 보는 것은 많이 다르다. 따라서 예외가 있기는 하지만 월스트리트의 분석은 가치투자자에게는 별 쓸모가 없다. 그러므로 우리는 대부분의 분석 작업을 스스로 해야 한다.

버핏 스타일의 가치투자자가 아니면, 미래의 성장성에 투자한다는 성장투자자들도 단기적으로 돈을 벌고 싶어 한다. 이들은 소덱소의 영국 자회사에 일시적인 문제가 있다는 조짐이 나오자마자 소덱소 주식을 팔아치웠다(앞서 1장에서 소개했던 해외투자 사례 참조).

인기 주식을 멀리해서 장기 수익을 얻다

브루스 그린왈드가 지적한 것처럼, 성장투자자는 대부분의 시간 동안 뒤처지지만 의도적으로 그런 것은 아니다. 반면에 가치투자자는 이따금 뒤처지게 된다는 것을 미리 받아들인다.

1997년 가을 퍼스트 이글 펀드의 전신인 소젠 인터내셔널 펀드Sogen International Fund에서 우리는 60억 달러를 운용하고 있었다. 그즈음 우리는 경쟁자들과 벤치마크 지수에 뒤처지기 시작했다. 우리는 투자자들에게 계속 돈을 벌어주고는 있었다. 하지만 벌어주는 돈이, 보다 공격적인 투자자들에 비해 갈수록 크게 적어지고 있었다. 그 결과 환매가 급증했고, 2000년 봄 우리 자산은 20억 달러를 간신히 넘길 정도로 줄어들었다.

퍼스트 이글 글로벌 펀드와 오버시스 펀드Overseas Fund 주주들은 당시 인기 있던 TMT(기술, 미디어, 통신) 주식을 우리가 보유하지 않았다는 사실을 알게 되었다. 우리가 TMT 주식을 보유하지 않은 것은 다음 두 가지 이유 때문이다.

첫째, 나는 기술주는 보유하지 않는 경향이 있다. 기술은 빠르게 변하는 경우가 많기 때문이다. 나는 기술기업보다는 주류회사나 배관회사 같은 사업모델을 더 선호한다.

둘째, 중요한 이유인데, 나는 대부분의 기술주가 상당히 비싸다고 생각했다. 지금도 기술주는 얼마나 비싼 게 비싼 건지 아무도 모를 정도로 비싸다. 그런데 1998년과 1999년 TMT 주식은 훨씬 비쌌다.

나는 가치투자자이며, 따라서 군중을 따를 생각은 없었다. 사실 내가 우리 회사 애널리스트들의 도움을 받아 28년 동안 책임지고 있던 퍼스트 이글 글로벌 펀드와 13년 동안 책임지고 있던 퍼스트 이글 오버시스 펀드의 실적 상당 부분은, 내가 보유하지 않은 것들 (1980년대 말에는 일본 주식, 1990년대 말에는 TMT 주식, 그리고 2008년 금융위기 발생 전에는 은행 주식들) 때문에 가능한 실적이었다.

1990년대 말 TMT 주식들 외에 나는 카지노 주식도 멀리했다. 한 유명한 정치인은 "내가 싫어하는 세금이란 전혀 없다"고 말한 바 있다. 카지노와 복권은 나쁜 것이다. 이런 것은 대부분 가난한 사람들에게 피해를 주는 경향이 있다. 그런데 정치인들은 이런 것을 좋아한다. 카지노는 세수를 늘려주기 때문에 정치인들은 많은 카지노를 허용한다. 그런데 지금 뉴저지 주에서 몇 개의 카지노가 문을 닫고 있기 때문에 이런 주장이 확실한 것은 아니다. 확실한 것은 아무것도 없다. 나도 카지노 주식에 투자하지 않는다는 규칙에 예외를 두고 겐팅 말레이시아Genting Malaysis에 투자한 바 있다.

또한 나는 대개의 경우 금융기관은 피한다. 내 나이는 아침에 예금이 들어오면, 점심때쯤 차입자들(현지 기업이나 개인들)이 나타나고, 오후에는 은행가들이 고객들과 골프를 치는 식으로, 은행업이 상대적으로 단순했던 때를 기억하는 연령대다. 물론 내가 과장한 것이지만, 그 후로는 은행들이 준準헤지펀드처럼 되었다. 여기서 다시 과장하자면(그리 심한 과장은 아니지만), 은행들은 자기자본 대비 부채비율이 300%가 넘는 거대한 레버리지를 안게 되었다. 그런데 자산의 가치가 3%나 4% 하락하는 것은 그리 드문 일이 아니다. 여러분의 경우 자기자본 대비 부채비율이 300%인데 자산의 가치가 4% 하락한다면, 여러분은 (최소한 일시적으로라도) 파산하게 된다.

오늘날 은행업이 무엇이고, 무엇과 비슷한 것인지 나로서는 잘 모르겠다. 폴 볼커Paul Volker가 말한 것처럼, 유일하게 좋은 금융혁신은 현금자동인출기(ATM)라고 할 수 있다. 인터넷이 전통적인 은행업에도 혁신을 가져올 수 있겠지만, 나는 아직도 M&T은행M&T Bank 회장 겸 CEO 밥 윌머스Bob Wilmers(2017년 타계) 같은 이른바 지역 은행가들community bankers(상대적으로 작은 지역에서 사업하며 고객과의 관계를 중시하는 옛날 스타일의 은행가)을 더 좋아한다.

"능력의 범위 안에 머물러라" 그리고 "거의 절대 팔지 마라"

언젠가 브루스 그린왈드는 "자세히 살펴보면 워런 버핏은 지금까지 주로 4개의 업종(은행, 보험, 언론, 필수소비재)에 초점을 맞춰왔다"고 말한 적이 있다.

그렇기는 하지만 최근 워런 버핏은 ('향후 100년 동안'은 좋을 대체 불가능한 자산임에 분명한) 철도 그리고 유틸리티 같은 다른 자본집약적인 기업에도 투자했다. 이는 그가 유연한 마음을 가지고 있다는 것을 다시 한 번 보여준 것이다.

그리고 브루스는 "버핏은 거의 절대로 팔지 않는다"고도 했다.

첫째, 버핏은 실수를 거의 하지 않는다. 둘째, 우리가 이미 본 바와 같이 그는 지속가능한 경쟁우위, 즉 '해자'를 가진 기업에 초점을 맞춘다. 이런 기업이 가치를 계속 창출하고 주가가 불합리한 수준까지 너무 높게 오르지 않는 한, 그런 '복리수익기계들'을 절대 놓쳐서는 안 된다.

우리 퍼스트 이글 펀드는 낮은 포트폴리오 회전율에서 알 수 있듯이 매도에 그리 적극적이지 않다. 이는 자연히 어느 정도 우리 펀드 주주들의 세금 부담을 덜어주는 것이다. 우리의 거의 모든 실현이익은 장기적인 것이다.

또한 많은 가치투자자들과 달리, 우리가 주식을 보유한 기업이 인수될 때 우리가 꼭 좋아하는 것만은 아니다.

예를 들어 우리는 영국항만연합(ABP)Associated British Ports에 대규모 투자를 하고 있었다. 마거릿 대처 행정부는 ABP에 어떤 이권도 제공하지 않았고, 기업공개로만 ABP 항구들을 매각했다. 따라서 투자자들은 정부가 이권을 어떤 조건으로 갱신할지에 대한 문제는 걱정할 필요가 없었다. ABP가 인수될 때 우리 지분도 그 당시 보기에 적정가격으로 넘겼는데, 결과적으로 ABP는 팔지 말고 그 후 10년이나 20년 더 보유했으면 좋았을 회사였다.

이런 이야기가 주는 교훈은 다음과 같다. 어떤 사람들이 50년 전 우연히 오마하에 살게 되었다. 이들은 워런 버핏의 친구나 이웃이 되었다. 이들이 보기에 워런 버핏은 뭔가 알고 말하는 사람 같았다. 그리고 무엇보다 진실했다. 이들은 워런 버핏을 따라서 이따금 그리 크지 않은 소소한 돈을 투자했다. 이후 워런 버핏은 40년 이상 연 복리 20%의 수익을 냈다. 앨버트 아인슈타인이 말한 것처럼 "복리는 세상의 경이 중 하나다". 결국 워런 버핏을 따라 투자한 친구와 이웃들은 오늘날 큰 부자가 되었다.

나는 워런 버핏 같이 위대한 투자자는 전혀 아니다. 우리 펀드들은 40년 동안 연 20%의 복리수익을 내지 못했다. 그러나 우리 펀드들은 꽤 오랜 기간 동안 시장의 부침을 극복하면서 좋은 실적을 냈다(구체적 수치는 책을 시작하면서 소개한 우리 펀드들의 장기 수익률을 참조해 주기 바란다). 우리와 함께한 사람들(행복한 '소수')은 그들의 인내에 대한 보상을 받았다.

2008년 가치투자자들에게 일어난 일

2008년에 가치투자자들은 다른 투자자들보다 더 큰 하락을 겪은 것은 아니지만, 그들과 비슷한 35%, 40%, 45% 정도의 하락을 겪었다. 과거 주가가 큰 폭으로 하락하는 시기에도 가치투자자들은 다른 투자자들보다 상대적으로 나은 경향이 있었는데, 2008년에는 어떻게 이런 일이 벌어진 걸까?

여기에 대한 답은 "이런 일이 벌어진 것은 단 1년뿐이며, 장기적으로 가치투자자들은 더 좋은 실적을 낸다"는 것이다. 이것은 맞는 말이다. 그러나 어느 한 해에 40% 하락했다면, 이는 산술적으로 힘든 일이 될 수 있다(1년에 40% 하락했다면, 다음 해에 67% 상승해야 2년 만에 겨우 원상을 회복하게 된다).

이를 다른 식으로 말하면, 마틴 휘트먼이 일시적인 자본평가손실과 영구적인 자본잠식을 구별한 것과 관련 있다.

여러분이 내재가치를 70달러 이상으로 보고 어떤 주식을 50달러에 매수했다고 해보자. 그런데 1~2년 후 주가가 30달러로 떨어졌다. 그러는 동안 여러분은 그 기업을 제대로 이해하고 있는지 확인하기 위해 다시 그 기업을 면밀히 검토했으며, 그 결과 여전히 그 주식의 내재가치는 70달러가 넘는다고 보고 이를 계속 보유했다. 그런데 이따금 발생하는 일이지만, 외부적인 상황 때문에 그 기업의 사업모델이 악화되는 경우가 있다. 예를 들어 인터넷의 발전은 신문 사업에 큰 타격을 주었다. 혹은 경영진의 실수 역시 마찬가지다. 이런 경우 발생하는 손실은 걱정할 게 전혀 없는 일시적인 자본평가손실이 아니라, 필요하다면 큰 손실을 감수하고라도 매도하고 다른 기업으로 옮겨가야 할 영구적인 자본잠식이 된다.

그러나 진짜 문제는 다른 곳에 있을 수도 있다. 가치투자자들은 역사적으로 반세기 이상을 스스로를 바텀업 투자자bottom-up investor(경제주기와 시장주기보다는 개별 기업 분석을 우선시하는 투자자—옮긴이)로 생각해 왔다. 그래서 이들은 먼저 한 기업의 재무제표 수치들을 신중하게 살펴본 후, 그 수치와 주석 등에 만족하면 (그리고 그레이엄보다 버핏에 끌리는 경향이 있다면) 그 기업의 주요 강점과 약점도 확인하려고 했다. 이들은 탑다운$^{top-down}$(경제주기와 시장주기 분석을 우선시하는 것—옮긴이), 경제성장, 인플레이션, 금리는 무시했다. 이런 바텀업 방식은 효과적이었다 (결과적으로 볼 때, 가치투자자들은 경기와 주식시장 주기가 하락할 때 주식을 매수하고, 상승할 때 주식을 매도하는 경향이 있기 때문에 경기와 주식시장 주기에서 이득을 보았다).

그런데 탑다운 요인이 무자비하게 치고 들어온 2008년에는 이런 바텀업 방식이 효과적이지 않았다.

'거시적인 탑다운 투자'에 대한 생각

우리 퍼스트 이글은 본질적으로는 항상 바텀업 투자자였다. 그러나 우리가 보유한 (혹은 보유를 고려하고 있는) 기업들을 대상으로 추산한 내재가치는 2차 세계대전 후의 기준으로 볼 때 수년에 걸친 경제 및 금융위기 상황까지 고려한 내재가치는 아니었고, 따라서 우리는 이 문제를 걱정하기도 했다.

그리고 우리는 그런 위기가 오는 것을 알았다. 우리는 1920년대 오스트리아 경제학파의 가르침에 관심을 가졌다. 오스트리아 경제학파의 핵심 주장은 통화당국이 과도한 신용 팽창을 걱정해야 한다는 것이었다. 이들의 주장은 옳았으며, '포효하는 20년대$^{Roaring\ Twenties}$' 다음에 바로 대공황이 왔다.

지금 신용 팽창은 1980년대 중반에 시작되어, (1990년 즈음 잠시 중단되었다가) 1990년대에 줄곧 지속되었으며, 세기 전환기에는 더욱 가속화되었다. 미국과 세계 여러 나라의 경제성장 중 많은 부분은 이런 신용 팽창에 따른 것이다.

불행히도 내 안에 있는 바텀업 투자자는 내 안의 탑다운 투자자의 말을 충분히 귀담아 듣지 않았다. 때문에 우리의 글로벌 펀드와 오버시스 펀드는 2008년 21% 하락했다. 이는 다른 많은 펀드들이 기록한 하락률의 절반 정도에 그친 것이긴 하지만, 매우 실망스러운 실적임에는 분명했다. 나는 그나마 우리가 덜 하락한 것이 내가 윌리엄 화이트$^{William\ White}$의 논문을 읽은 덕분으로 보고 있다(이어지는 3장을 참조해 주기 바란다).

오늘날 핵심적인 질문은 "우리가 아직 전후(2차 세계대전 후) 경제 및 금융 지형 속에 있느냐? 아니면 아직까지 정의되지 않은 어떤 새로운 경제 및 금융 지형 속에 있느

냐?" 하는 것이다. 나로서는 그 답을 안다고 할 수 없다. 벤저민 그레이엄이 곧잘 말한 것처럼 "미래는 불확실하다". 그러나 나는 탑다운에도 여전히 관심을 가져야 한다고 믿는다.

다음 장에서는 금 투자 대해 살펴볼 것이다. 현재 우리가 금괴와 금광 주식을 일부 보유하고 있는 이유 또한 구체적으로 밝힐 것이다. 그리고 이런 이유들 중에는 내가 방금 말한 것처럼, 금융위기와 지난 수년간 당국이 취한 전례 없는 조치들로 인해 우리가 "아직까지 정의되지 않은 어떤 새로운 경제 및 금융 지형 속에 들어왔을 가능성"도 포함되어 있다.

금 투자에 대한 생각

미래는 알 수 없다.
따라서 피터 번스타인이 말한 것처럼, 금은 극단적인 결과에 대한
보호수단을 제공해준다.
그리고 금을 조금 보유하는 것은 항상 타당하다.

금에 대한 프랑스인과 미국인의 인식 차이

 프랑스 출신인 나는 금에 대해 최소한 지적인 호기심은 항상 있었다. 프랑스인들은 18세기 말에 있었던 가공할 프랑스혁명, 2차 세계대전 중 독일군의 프랑스 점령, 몇 십 년 전까지만 해도 강력했던 프랑스 공산당, 그리고 이따금 발생하던 높은 인플레이션 등의 이유로 금에 관심을 갖게 되었다. 1차 세계대전 후 바이마르공화국 시절 초인플레이션을 겪었던 독일인들도 금에 관심을 갖고 있다.

 1950년대 프랑스에서 자라던 어린 시절에 역사 선생님들은(이들은 거의 모두 좌파였) 프랑스혁명을 열렬히 찬양했다. 그러나 바스티유감옥 사건이 있고, 200년이 지난 1989년 즈음에 막시밀리앙 드 로베스피에르$^{Maximilien\ de\ Robespierre}$(1793년 5월에서 1794년 7월까지 공포정치 시대의 지도자)를 아돌프 히틀러와 이오시프 스탈린의 선구자로 보는 수정주의 역사책들이 출간되었다. 프랑스혁명 당시 미국의 2대 대통령이던 존 애덤스John Adams는 프랑스혁명을 그 자체로 괴물로 보았고, 3대 대통령 토머스 제퍼슨Thomas Jefferson은 그러지 않았다.

역사적으로 미국인들은 프랑스인이나 독일인보다 금에 대한 관심이 훨씬 적었다. 1933년 프랭클린 D. 루스벨트 대통령이 5온스 이상의 금을 보유하는 것을 불법화했기 때문이다. 미국에서는 1974년에 와서야 이보다 많은 금을 갖는 것이 다시 합법화되었다.

그런데 1933년 루스벨트는 금 1온스에 현금 20달러의 가격을 매겼는데, 그 다음해에는 달러 가치를 온스당 35달러까지 하락시켰다.

25년 동안의 신용 팽창(1982~2007년)

1979년 8월 폴 볼커가 연방준비은행 의장으로 취임했다. 그는 1980년대 초에 와서 그전 10년간 진행되었던 인플레이션의 고비를 넘겼다. 그런데 그 후 1980년대 중반에서 후반 사이 미국에서 신용 팽창이 증대되기 시작했다. 이는 당시의 차입매수leveraged-buy-out 현상에서 알 수 있다. 이런 신용 팽창은 1990년대 초에 고통스럽게, 그러나 짧은 기간 잠시 중단되었다. 이때 부동산 부문의 샘 젤Sam Zell과 뉴스코퍼레이션 회장 루퍼트 머독은 (물론 바로 회복하기는 했지만) 모두 어려운 상태에 빠졌다.

그러나 신용 팽창은 다시 곧 재개되었고, 2000년대 와서는 오히려 가속화되었다. 빌 클린턴과 조지 W. 부시 대통령 시절의 경제성장 일부는 과도한 신용 팽창 때문에 가능했으며, 그런 의미에서 인위적인 성장이었다고 할 수 있다.

최악의 과잉은 주거용 부동산 부문에서 찾아볼 수 있다. 많은 미국인들은 홈에쿼티론home equity loans(1차 대출인 모기지대출 부분을 제외하고 남은 주택 가치를 담보로 받는 2차 대출—옮긴이)을 통해 자신의 집이나 아파트를 현금인출기처럼 이용했다. 결국 직업도 없고 수입도 없고 자산도 없는 사람들이 마지막 한 사람까지 계약금도 없이 모기지대출을 받은 후에야 이 축제는 끝이 났다.

케인스와 오스트리아 경제학파의 시각 차

정부, 업계, 학계에서 위기가 오고 있음을 알아챈 사람은 매우 드물었다. 지금까지 살아있어도 케인스가 과연 신케인스주의자일지 가끔 궁금하기는 하지만 정부, 업계,

학계 사람들은 모두 (혹은 거의 모두) 신케인스주의자였다. 케인스가 매우 뛰어난 작가이고 매력적인 역설의 제왕인 것은 사실이지만, 결국에는 돌팔이였다.

오스트리아 경제학파에 다소 익숙한 나는, 25년 동안의 신용 팽창(1982~2007년)이 1920년대의 신용 팽창과 유사하다는 생각이 갑자기 들었다. 1920년대 말 미국 주식시장과 부동산시장(플로리다 부동산개발 붐)은 폭발적으로 팽창했다. 유럽에서도 비슷한 과잉이 만연했다.

오스트리아 경제학파(특히 하이에크와 폰 미제스)는 낮이 오면 다음엔 밤이 이어지는 것처럼 신용 팽창 뒤에는 신용 불황이 올 것이기 때문에, 당국은 신용 팽창이 너무 오래 지속되고 너무 강해지게 내버려둬서는 안 된다고 계속 경고했다. 그런데 바로 그런 일이 벌어졌고, 결국 대공황으로 이어졌다.

많은 경제학자들의 믿음과 달리, "돈도 중요하고 신용도 중요하다money matters and credit counts". 따라서 최근의(그리고 지금도 계속되고 있는) 금융위기에 대한 가장 좋은 설명은 내가 보기에 오스트리아 경제학파가 제공해 주고 있다. 〈오스트리아 경제학 뉴스레터Austrian Economics Newsletter〉(1996년)에서 짐 그랜트Jim Grant는 다음과 같이 말했다.

"우리가 하는 일은 시장의 양 극단, 매우 저평가된 경우나 매우 고평가된 경우를 찾는 것이다. 이런 점에서 오스트리아 경제학파 이론은 분명 우리에게 이점을 제공해 주고 있다.

분석 작업의 기초가 되는 이론을 갖고 있다면 어둠 속에서 의자와 탁자에 걸려 비틀거리는 문제를 피할 수 있다. 적어도 우리 모두가 작업하고 있는 이 어둠 속에서 이미지를 떠올리는 일은 시작할 수 있다. 미래는 항상 어둡다. 그러나 일련의 이론으로 우리는 어디에 무엇이 있을지 예측할 수는 있다. 그럼으로써 우리는 가끔은 그런 것들을 피할 수 있다."

2009년 7월 두 명의 페루 경제학자 후안 호세 가리도 쾨클렝Juan Jose Garrido Koechlin과 카밀로 페헤이라 레구아Camilo Ferreira Legua는 이렇게 주장했다.

"이번 경제 위기의 기원은…… 인위적인 신용 확대로 거슬러 올라간다…… 오스트리아 경제학파 주창자 다수는 이 위기에 대한 대응으로 무조치inaction를 옹호했다…… 아무것도 하지 않으면 경제는 스스로 회복할 것이라고 하이에크가 말했다는 것이다…… 그런데 마크 슬로우선Mark Slouson(2009)이 분명히 지적한 것처럼, 이는 케인스주의자들의 주장에 대응하는 과정에서 오스트리아 경제학파가 저지른 최대의 실수라 할 수 있다. 오스트리아 경제학파가 무조치 대신 공공 지출의 조정, 세금 축소 등을 제안했다면, 논쟁의 승자는 케인스주의자가 아니라 하이에크와 폰 미제스가 되었을 것이다."

투자대가들은 독서광이다

오래전 워런 버핏과 찰리 멍거가 열렬한 독서광이라는 말을 들었다. 내가 이 두 거장만큼 현명하지는 않지만, 독서가 이들에게 도움이 되었다면 나에게도 분명 도움이 될 것이라고 생각했다. 그래서 그 후 열렬한 독서광이 되었다.

이와 관련된 개인적인 일화가 하나 있다. 오래전 일이다. 둘째 딸 폴린이 6살이나 7살쯤 되었을 때, 아빠가 뭐하는 사람이냐고 친구가 물었던 모양이다. 폴린은 내가 뭘 하는지 몰랐다. 당황한 폴린은 그날 저녁 내가 하는 일이 뭐냐고 물었다. 나는 어린아이에게 자금 운용을 어떻게 설명해야 할지 몰랐다. 그래서 그냥 사무실에서 내가 하는 일을 말해 주기로 했다. 나는 반은 글을 읽고 반은 회사 애널리스트들하고 이야기를 나눈다고 했다. 그러자 폴린이 말했다. "읽고, 이야기하고? 그건 일이 아니잖아!" 아, 그런가…….

아무튼 그렇게 독서에 열중하던 중 2006년 4월 나는 정말 운 좋게도 윌리엄 화이트William White의 「물가 안정은 충분한 수준인가?Is Price Stability Enough?」라는 글을 접하게 되었다. 당시 윌리엄 화이트는 스위스 바젤에 있는 국제결제은행(BIS ; 중앙은행들의 은행이다)의 수석이코노미스트였다. 그는 이 글에서 전반적인 호황과 외견상 낮은 인플레이션으로는 충분하지 않다고 지적했다. 오스트리아 경제학파(하이에크와 폰 미제스)를 넌지시 언급하면서, 그는 신용 팽창의 위험에 대해 경고했다.

퍼스트 이글 펀드와 금

1979년 1월 소젠 인터내셔널 펀드(현재의 퍼스트 이글 글로벌 펀드)를 처음 맡았을 때, 나는 금광 주식을 일부 매수했다. 그리고 1980년대 초 미 연준 의장 폴 볼커가 인플레이션 고비를 넘긴 후 이 주식을 매도했다(폴 볼커가 인플레이션 고비를 넘길 수 있었던 데는 1980년에 있었던 소비자물가지수 산정 방식의 변화가 도움이 되었다).

그 후 오랫동안 퍼스트 이글 펀드가 보유한 유일한 금

관련 증권은 BIS였다. 우리가 BIS를 보유하게 된 것은 매우 쌌기 때문이다(BIS에 대해서는 이어지는 4장에서 우리의 투자 사례 중 하나로 상세히 소개할 것이다). 그러나 1993년 신용 팽창이 재개되었을 때 나는 금광 주식을 다시 일부 매수했고 그 후에는 금괴도 조금 매수했다. 그리고 1993년 10월 금 가격이 온스당 370달러 정도 되었을 때 퍼스트 이글 골드 펀드First Eagle Gold Fund를 출범시켰다.

그런데 이때 골드 펀드를 시작한 것은 실수였다. 7년이나 너무 빨랐던 게 문제였다. 나는 신용 팽창이 신용 붕괴로 바뀌면서 (당국이 의도치 않았던) 그 결과로 금 가격이 상승하게 될 타이밍에 대해서는 알지 못했던 것이다.

나는 그저 어느 시점이 되면 그런 상승이 당연히 있을 것이고, 그 사이 있을지도 모를 하락 가능성은 수요(대부분의 경우 보석류에 대한 수요)와 공급(대부분의 경우 금광 생산량) 간의 불균형으로 보호받는다고 생각했다.

그런데 내 생각이 틀렸다. 중요한 것은 금에 대한 투자 수요인데, 그 당시 투자자들은 금에 별 관심이 없었다. 그리고 몇몇 중앙은행들은 보유하고 있던 금을 일부 매도하고 있었기 때문에 (특히 영국과 프랑스는 최저가 혹은 거의 최저가 수준에서 보유하고 있던 많은 금을 매도했다) 금에 대한 투자 수요는 매우 약했다.

롱텀 캐피털 매니지먼트의 파산과 구제금융

골드 펀드 출범 후 거의 5년이 지난 1998년 초까지 내가 보여준 것은 손실밖에 없었다. 금 가격은 1993년 이후 온스당 300달러 수준까지 하락했다. 그래서 주주들에게 서한을 보내 내 실수를 인정하고 사과한 후 골드 펀드 주식을 환매해 다른 곳에 투자하라고 제안할 뻔했다.

그런데 바로 그때 1998년 가을, 두 명의 노벨경제학상 수상자가 파트너로 있던 롱텀 캐피털 매니지먼트(LTCM) Long-term Capital Management가 파산했고, 뉴욕 연방준비은행은 이에 대한 구제금융 방안을 마련했다. 나는 예금자들이 있는 은행을 구제하는 것과 헤지펀드를 구제하는 것은 다른 일이라고 생각한다. 헤지펀드는 결코 구제금융을 받아서는 안 되는 곳이다. LTCM은 막대한 돈을 빌려 베팅을 했고, 돈을 잃었으며, 따라서 스스로 그 대가를 치러야 했다. LTCM, 그리고 그들의 베팅에 대해 듣고 따라했던 월스트리트에 있는 그들의 친구들……. LTCM 스토리에 대해서는 로저 로웬스타인 Roger Lowenstein(루이스 로웬스타인의 아들이다)의 책 『천재들의 실패 When Genius Failed』를 참조하기 바란다.

나는 이 구제금융을 (어느 시점에는 분명 금에 플러스 요인이 되는) 금융 시스템의 심각한 취약성을 보여주는 징후로 보았다. 그래서 세기 전환기에 우리 회사 이사 한명이 골드 펀드의 청산을 제안했지만 나는 이 펀드를 계속 유지했다. 루이지애나에서 설립된 골드 펀드는 이 당시 1,000~1,500만 달러 규모로 작아졌고, 내가 이 펀드의 2대 주주가 되어 있었다. 골드 펀드를 계속 유지할 수 있었던 것은 청산에 반대해준 존 안홀드 덕분이었다.

내가 버핏과 다른 점, '화폐로서의 금'

나는 워런 버핏과 그의 파트너 찰리 멍거가 금을 강력히 반대한다는 것을 잘 알고 있다. 이들은 금을 화폐로 보지 않지만, 나는 금을 화폐로 보고 있다.

사실 금은 오랫동안 화폐였다. 미국 외교협회 Council on Foreign Relations 국제경제 담당이사 벤 스테일 Benn Steil이 지적한 것처럼 "화폐와 금의 유대가 지난 60년간 약해졌다 해도, 세계 전역에서 그리고 지난 2,500년 내내 위기 시 임시화폐 역할을 한 것은 금뿐이었다".

오늘날 금은 (유타 주를 제외하고) 법정화폐는 아니다.

그러나 미 의회의 일부 의원들이 앨런 그린스펀 연준 의장에게 포트 녹스Fort Knox(켄터키 주의 연방금괴저장소가 있는 곳)의 금을 팔아야 한다고 주장할 때마다, 고맙게도 앨런 그린스펀은 금은 마지막 수단의 화폐이며 다른 모든 통화가 의심스러울 때의 대체통화라고 의회에 보고했다(이는 내가 유일하게 그를 칭찬하는 일이다).

여기서 그린스펀이 아니라 내 말로 하자면, 금은 누구의 부채도 아니다. 지폐처럼 찍어낼 수도 없고, 그 가치가 떨어지는 것도 아니다.

금 관련 제도의 변천사

금 관련 제도의 변화를 잠시 살펴보자. 1830년대와 1840년대 미국에서 그리고 1850년대 호주에서 금이 발견된 후 1차 세계대전이 발발할 때까지 많은 국가에서 고전적인 금본위제Gold Standard를 채택하고 있었다.

1차 세계대전 후에는 이보다 약한 버전인 금환본위제Gold Exchange Standard로 옮겨갔다. 그리고 1944년 2차 세계대전 종전 무렵에는 다시 이보다 훨씬 약한 브레튼우즈 체제Bretton Woods Agreement로 들어갔다.

그리고 1971년 미국 닉슨 대통령은 외국이 보유한 달러를 미국의 금으로 교환해 줬던 금태환제도Gold Window를 마침내 폐지했다. 금태환은 마지막까지 남아 있던 금 관련 제도였다. 금태환제도가 폐지됨으로써 그 후 지금까지 우리는 완전한 지폐 체제 속에 있었다.

그리고 이런 제도의 변천사는 그리 고무적인 것은 아니다.

여담이지만 닉슨 대통령은 공화당원이었다. 최소한 명목상으로는 그랬다. 그러나 그는 금태환을 정지함과 동시에 임금과 가격 통제를 실시했다. 게다가 그는 "나는 케인스주의자다"라고 선언하기도 했다. (일반적으로 정치인들은 케인스를 좋아한다. 그것은 케인스가 민간부문의 수요가 약할 때 공공부문의 수요를 늘려야 한다고 주장했기 때문이다. 대부분의 정치인들은 특히 선거 전에는 보통 우파의 경우 방위비 부문에, 좌파의 경우는 복지 부문의 정부 지출을 늘리는 것을 좋아한다.)

그러나 19세기의 위대한 프랑스 경제학자 장 바티스트 세Jean Baptiste Say가 말한 것처럼 "공급은 스스로 수요를 창출한다". 따라서 장려되어야 할 것은 수요가 아니라 공급이다.

사실 닉슨이 원한 것은 1972년 대통령선거에서 재선되는 것이었고, 이를 위해서는 저렴한 이지머니$^{easy\ money}$가 도움이 될 것이었다.

케인스와 관련해 리처드 휴로위츠$^{Richard\ Hurowitz}$는 〈월스트리트저널〉의 한 기사에서 "결국 닉슨의 (금태환 정지) 선언은 케인스가 주 설계자인 브레튼우즈 체제를 끝장내는 최후의 일격이었다"고 지적했다.

우리가 금에 투자하는 이유

미국에서 진행된 전례 없는 통화 및 재정 부양책은 의도치 않은 부정적인 결과를 초래할 수도 있다.

결국 제로금리에 가까운 단기금리(돈은 공짜로 여겨져서는 안 된다), 연방정부의 막대한 부채 증가, (연방준비은행이 쉽게 시작했지만 빠져나오기는 쉽지 않을) 양적 완화 등은 모두 불안 요인이 되고 있다. 특히 이런 조치들이 가져온 지금까지의 최종 결과가 기껏해야 그저 그런 수준, 요컨대 미국 경제의 약한 회복에 그쳤기 때문에 그렇다.

신케인스주의적 처방은 효과를 내지 못하고 있다. 물론 당국은 근본적인 문제 해결은 뒤로 미루면서 주로 주식시장과 채권시장을 올림으로써 중단기적으로 문제를 안정화시킬 수 있었지만, 이는 장기를 희생함으로써 얻은 결과일 것이다.

1982년부터 2007년까지 25년 동안의 긴 신용 팽창 후에도 민간부문에는 여전히 디플레이션 압력이 있다. 어느 시점에 가면 당국의 현행 정책들이 너무 과도해지는 때가 올 것이다. 아인슈타인이 말한 것처럼 "똑같은 일을 되풀이하면서 그때마다 다른 결과를 기대하는 것은 미친 짓이다".

소시에테 제네랄Societe Generale의 앨버트 에드워즈Albert Edwards가 지적한 것처럼 "먼저 디플레이션이 와서 그 수준이 가혹하다고 판단되면 당국은 이른바 '불황타개책la fuite en avant'으로 인플레이션 조장 정책에 착수할 것이고, 그러면 금 가격은 온스당 1만 달러까지 오를 것이다".

〈그랜츠 금리 옵저버Grant's Interest Rate Observer〉에서 짐 그랜트 역시 이렇게 진단했다. "금은 연방준비은행의 조치로 인해 하늘에서 떨어지는 돈(이른바 헬리콥터 머니)의 그리 밝지 않은 미래를 대비한, 그 근거가 확실한 투기수단이다."

이는 재무성 직원들이 사람들에게 뿌려 줄 100달러짜리 지폐 가방을 헬리콥터에 실음으로써 통화당국은 언제든 인플레이션을 창출할 수 있다고 한 밀턴 프리드먼의 조롱 섞인 말을 연상시킨다. 그래서 벤 버냉키Ben Bernanke

전 연준 의장의 별명이 '헬리콥터 벤Helicopter Ben'이었다. 사실 〈파이낸셜타임스〉의 한 칼럼니스트는 돈이 하늘에서 떨어져야 한다고 (조롱조가 아니라 진지하게) 주장하기도 했다.

버냉키 의장은 금융위기 발발 이전인 1980년대 중반에서 2007년까지를 '대안정기Great Moderation'라고 했다. 그런데 하이먼 민스키Hyman Minsky (오스트리아 경제학파와 사상이 비슷한 20세기의 위대한 미국 경제학자)가 언급한 것처럼, 안정은 불안정으로 이어진다. 사실 디플레이션과 인플레이션은 동전의 양면이다. 그리고 금은 이 두 경제 상황 모두에서 보호 기능을 제공해 주는 유일한 주요 자산이다.

어쨌든 오스트리아 경제학파는 자금과 신용의 과도한 창출이 바로 인플레이션이며, 소비자물가지수 혹은 여러 자산 가격의 상승은 인플레이션이 아니라 단지 그런 인플레이션을 보여주는 증상이라고 보고 있다.

금 투자에 반대하는 이유들과 그에 대한 9가지 반론

❶ 금은 상품commodity이다.
: 아주 약간만 그렇다. 대부분의 경우는 화폐다.
❷ 금은 아무런 수입도 제공해주지 않는다.

: 다시 말하지만 금은 화폐다. 대체통화이고, 현금이다. 달러 지폐도 아무런 수입을 제공해주지 않는다.

❸ 금은 가치를 평가하는 것이 불가능하다.

: 가격이 너무 높을 수는 있다. 딜런 그라이스는 미국의 본원통화가 전액 금태환 된다고 할 경우 금 가격은 2013년 4월 온스당 1만 1,000달러가 넘는다고 계산했다. 그리고 2012년 짐 그랜트는 총통화(M2)의 10%가 금으로 태환된다고 할 경우 금 가격은 온스당 3,300달러가 될 것이라고 했다. 그런데 본원통화와 총통화는 그 후 계속 증가했다.

제임스 리카즈James Rickards는 자신의 책 『화폐의 몰락The Death of Money』에서 전 연준 의장 폴 볼커의 2012년 10월 발언을 인용했다. "금본위제를 실행하려면 금 가격을 고정시켜야 한다. 꼭 그래야 한다······ 지금 시점에서 기술적으로 금본위제, 외국이 가지고 있는 모든 달러를 금으로 바꿔줘야 하던 옛날식의 금본위제로 간다면, 맙소사, 가격이······ 금은 어마어마한 가격이 될 것이다."

사실 누군가 말한 것처럼, 이는 "돈은 너무 많고, 물건은 너무 적은" 그런 문제다. 폴 볼커도 유일하게 좋은 금융혁신은 현금자동인출기라고 했다. 그가 옳았다. 나머지 대부분의 금융혁신은 레버리지를 창출하기 위해 월스트리트가 고안해낸 새로운 방법들에 불과하다.

❹ 케인스는 금은 (그리고 금본위제는) '야만의 유물'이라고 했다.

: 그런데 고전적인 금본위제 하에서는 그 제도에 가입한 정부들에 대한 규제 때문에 최근의 (그리고 지금도 계속되고 있는) 위기와 비슷한 금융위기는 불가능했을 것이다. 물론 금본위제 하에서도 위기는 있었고 고통스러웠으며 경기주기가 없어진 것도 아니었지만, 위기는 짧았다.

❺ 신케인스주의적 처방이 결국 효과를 낼 것이다.

: '당국이 시스템의 레버리지를 한 번 더 올리고, 경제가 더 호전되며, 소비자물가지수는 적절하고, 여러 국가에서 양적 완화가 빨리 끝나며, 금리는 적당히만 오른다'는 것이 물론 가능은 하다. (벤저민 그레이엄이 말한 것처럼, 미래는 불확실하다) 그러나 내가 보기에는 이런 바람은, 불가능한 일이다.

❻ 당국에서 민간이 보유한 금을 징발할 수 있다.

: 그런 일이 과거에 있었다. 1933년 프랭클린 루스벨트 대통령 시절에 그랬다. 또 루스벨트 대통령은 각종 계약에서 금 관련 조항을 삭제하는 방법도 발견했다. 하지

만 오늘날에는 특히 극단적인 상황에서는 금을 징발하는 것이 더 어려워졌다. 당국에 대한 대중의 믿음은 과거와 같지 않고, 당국에 대한 대중의 복종도 과거와 같지 않다. 사실 마틴 울프Martin Wolf가 〈파이낸셜타임스〉에서 말한 것처럼, '엘리트'들은 신뢰를 잃었다.

❼ '실질금리'(명목금리에서 CPI를 뺀 금리)가 다시 플러스가 된다면, 금 가격은 악화될 것이다.

: 그런데 그 금리가 어떤 금리냐가 중요하다. 금은 화폐다. 따라서 중요한 것은 단기금리들이다. 그리고 1970년대에는 단기 및 장기금리가 모두 상승했지만, 금 가격도 상승했다. 소비자물가지수(CPI)의 경우 1980년에 산정 방식에 변화가 있은 후 그 신뢰성이 다소 의심스러워졌다. 아마도 CPI의 신뢰성에 의문을 제기한 〈뉴욕포스트〉 기자 존 크루델John Crudele의 말이 맞을 것이다. 마지막으로, 플러스 실질 단기금리는 많은 '좀비기업'들에게는 '죽음의 키스'가 될 것이다.

❽ 금을 소유하는 것은 일종의 믿음이다.

: 아니다. 그것은 그저 중앙은행에 대한 믿음이 부족하다는 것을 의미한다.

❾ 금은 "화폐자격을 잃었다".

: 이에 대해서는 바그너 풍의 오랜 경구를 하나 소개하겠다. "금을 가진 자가 규칙을 만든다."

만일의 경우에 대비한 보호 장치

2012년 증권사 CLSA의 크리스토퍼 우드Christopher Wood는 다음과 같이 지적했다.

"투자자들이 국채를 더 이상 안전한 피신처로 보지 않을 때 게임은 끝날 것이다. 그렇게 되면 양적 완화는 신뢰를 잃고, 그와 함께 현대의 정부 발행 지폐 통화시스템도 신뢰를 잃고 말 것이다(정부 발행 지폐fiat paper : 당국의 신용으로 유통되는 신용화폐. 달러화·유로화 등 현재 유통되는 대부분의 화폐가 정부 발행 지폐다—옮긴이). 이와 더불어 통화주의자들과 정통 케인스주의자들도 당연히 신뢰를 잃을 것이다…… 지금의 주기는 정상적인 경제주기가 아니다…… 최종적인 결과가 디플레이션이 될지 초인플레이션이 될지 누구도 확실히 알 수 없다…… 그런데 금은 이 두 결과 모두에 대해 유일하게 효과적인 헤지수단이다."

2014년 우드는 또 이렇게 말했다.

"미국 연방준비은행을 포함한 중앙은행들은 비전통적인 통화정책에서 부드럽게 탈출할 수는 없을 것이고, 지속적인 재무상태표 확대 기조를 유지할 것이다. 그런 정책들은 궁극적으로 비전통적인 통화정책을 추구하는 중앙은행들의 신뢰성을 떨어뜨려 현행 정부 발행 지폐 통화 시스템의 안정성과 진실성을 위협할 것이다."

금 가격의 변동성이 매우 심했던 것은 이번이 처음은 아니다. 1974년 말에서 1976년 중반 사이 금 가격은 거의 50%나 하락했다. 그리고 2008년 또 한 번 급락했다.

그러나 다시 한 번 말하지만, 변동성은 리스크가 아니다. 오늘날 대부분의 투자자들은 금융위기는 지나갔으며, 미국 경제가 다시 '정상normal'으로 돌아갔고, '탈출 속도escape velocity'도 곧 좋아질 것이라고, 예컨대 3% 정도의 실질성장률을 곧 회복할 것이라고 믿고 있는 것 같다.

물론 가능은 하지만, 내가 보기에는 그럴 가능성이 별로 없다. 이유는 간단하다. 부채가 너무 많기 때문이다. 이런 부채 중 일부는 손실로 부분 상각되거나 전액 상각되어야 하는데 그러지 않았다. 너무 많은 부채가 금융위기의 주요 원인이었다면(사실 그랬다), 어떻게 당국의 '더 많은 부채'가 해결책이 될 수 있을까?

정부 부채는 급증했고, 가계 부채는 거의 줄지 않았으며, 기업은 현금을 보유하고만 있으면서(그것도 세금을 피하기 위해 대부분 해외에) 최근에는 자사주 매입에 충당할 목적으로 많은 채권을 발행했다. 또한 일부 투자자들은 2008년 금융위기 직전에 "음악이 울려 퍼지는 한, 나는 일어나서 춤을 춰야 한다"고 한 시티은행의 척 프린스$^{Chuck\ Prince}$와 같은 행태를 보이고 있다.

블룸버그에 따르면, 2014년 말 엘리엇 매니지먼트$^{Elliot\ Management}$의 폴 싱어$^{Paul\ Singer}$는 이런 견해를 제시했다.

"경제 데이터들은 인플레이션은 축소하고 성장은 과장하고 있다······ 그리고 지난 6년 동안 추진된 중앙은행의 정책들은 지속가능하지 않다······ 투자자들이 통화부양책의 효과에 신뢰를 잃으면······ 신뢰가 사라질 때 그로 인한 손실은 수많은 시장과 업종에 걸쳐 심각하고, 갑작스럽고, 동시적으로 발생할 수 있다······ 중앙은행들의 '양적 완화' 정책은 영속적인 성장을 창출하지는 않을 것이다······ 경제학자들이 '조정^{adjustments}'과 '트릭^{tricks}'을 수용하는 것처럼······ 많은 데이터들이 적당히 조작되었거나 사실을 호도하고 있다."

다시 한 번 말하지만, 미래는 알 수 없다. 그러나 이제까지 말한 리스크들은 금의 지위를 정당화해주고 있다.

따라서 피터 번스타인$^{Peter\ Bernstein}$이 말한 것처럼, 금은 극단적인 결과에 대한 보호수단을 제공해준다. 그리고 "금을 조금 보유하는 것은 항상 타당하다". 내가 보기에는 10% 정도가 좋은 것 같다. 10% 미만은 적절한 보호수단을 제공해 주지 못하고, 10% 이상은 투기가 될 수 있기 때문이다. '투기speculation'라는 말은 재미있는 말인데, 원래는 나쁜 뜻이 아닌 '보다, 관찰하다observe'라는 의미의 라틴어 '스페큘라레speculare'에서 유래되었다.

금괴 vs. 금광 주식

투자자가 금을 화폐로 본다면, 금괴가 더 좋다. 금광 주식의 경우 채굴 리스크(와 기회)를 안게 된다. 극단적인 경우 그 기업이 금광이 될 수 없는 매장지를 보유하고 있다면, 금 가격이 온스당 1만 달러가 된다 해도 그 주식은 아무런 가치가 없다.

반면 과거에는 금 가격이 10% 상승(혹은 하락)할 경우 금광 주식은 30% 상승(혹은 하락)하곤 했다(최근에는 그렇지 않다). 또한 금괴가 징발된다면, 금광 주식이 혜택을 볼 것이다. 그리고 금광 주식은 지금도 여전히 매우 싸다. 마지막으로, 금광 주식은 미래의 금에 대한 콜 옵션이라 할 수 있다.

"사람들이 몰리지 않는 구석을 먼저 살펴라"
그레이엄 스타일의 투자 사례

우리는 사람들이 너무 몰리지 않는 구석을 찾는 데 늘 관심이 있었고,
그런 곳에 가치가 있는 경우가 많았다.

1960년대 초 파리에서 근무할 당시 나는 2차 세계대전 중에 일부 유럽인들이 국제결제은행(BIS)^{Bank for International Settlements} 주식을 보유함으로써 자신들의 돈을 보호함과 동시에 적잖은 배당금을 받았다는 말을 들었다. 그런 후 1982년 우연히 훌륭한 격주간지인 〈그랜츠 금리 옵저버〉에서 BIS에 대한 짐 그랜트의 글을 읽게 되었다.

그레이엄의 눈으로 BIS에 투자하다

'국제결제은행'이란 이름 자체에서 알 수 있듯이, BIS는 통화 및 금융 안정을 추구하는 중앙은행들을 위해 일한다. 중앙은행들을 위한 중앙은행 역할을 하는 것이다. 특히 BIS는 다음과 같은 역할을 통해 자신의 임무를 수행한다.

- 중앙은행들의 금융거래에서 그들의 1차적인 거래 상대

prime counterparty가 되어준다.
- 국제금융 업무와 관련해 대리인 혹은 신탁인 역할을 한다.

BIS의 은행 활동과 관련해서는 중앙은행들과 국제기구들이 BIS의 고객이다. 예를 들어 BIS는 1998년 일단의 중앙은행들의 완전 보증 하에 브라질에 금융지원을 제공했다. BIS는 민간의 개인이나 기업들로부터 예금을 받거나 이들에게 금융서비스를 제공하지는 않는다.

BIS는 1차 세계대전 후 베르사유 조약에 따른 독일의 전쟁배상금 문제를 처리하기 위해 1930년 스위스 바젤에서 창설되었다. 설립자는 여러 선진국 중앙은행들과 미국의 3대 상업은행들이었다. 이 중앙은행들과 미국의 3대 상업은행은 BIS 주식을 각각 1만 6,000주 매수했다. 그리고 독일의 배상금 지급은 1932년에 끝났다. 그러나 한번 수립된 관료 시스템은 결코 사라지지 않는 법이다. 대신 이들은 그저 새로운 '임무'를 찾는다. BIS도 그랬다.

그런데 많은 고립주의자들이 의석을 차지하고 있던 미 상원은 그런 다국적 기관에 참여하는 것을 거부했다. 그 결과 미국은 BIS 설립 자본에 청약하지 않았고, 미국 몫의 주식은 일반 대중들에게 판매되었다. 이 주식은 BIS 본부가 있는 스위스 바젤의 장외시장에서 아주 드물게 거래되었다.

우리는 1982년부터 장기간에 걸쳐 이 주식을 매수해서 중앙은행들을 제외하고는 지분이 가장 많은 주주가 되었다. 여러 해 동안 나는 주식중개인들에게 BIS 주식에 대한 자동 매수 주문을 해두었고, 이를 통해 하루에 한두 주, 가끔은 그보다 많은 주식을 매수하곤 했다. 주식중개인들은 이런 작은 거래에 대해서도 일일이 해야 하는 온갖 서류 작업 때문에 나를 무척이나 싫어했다.

BIS 주식에 투자한 이유

우리는 BIS 주식을 단기금융상품인 머니마켓펀드(MMF)money market fund와 금괴 투자를 결합한 증권으로 보았다. BIS의 자산과 부채의 90% 정도가 만기 1년 이내이기 때문에 MMF로 본 것이고(기본적으로 BIS는 시장금리로 중앙은행들로부터 차입한 후 여기에 약간의 가산금리를 붙여 주요 상업은행들에게 대출을 해주었다), BIS가 설립 자본금의 기초인 금괴를 계속 보유하고 있었기 때문에 금괴 투자로 본 것이다.

금의 시장가를 고려하고, BIS의 주요 충당금이 (존재하지 않는 리스크에 대비한 충당금이며 따라서) 자기자본이라는 사실을 감안해 약간의 조정을 거친 후 우리가 보수적으로 추산한 BIS의 순자산가치 대비 주가 할인율은 40~50%인 경우가 많았다. 심지어는 60%에 이르는 경우도 있었다. 스위스프랑화 기준으로 본 배당수익률도 매력적이었다.

하지만 BIS를 투자 대상으로 보는 투자자는 거의 없는 것 같았다. 그리고 2차 세계대전 당시 BIS를 보유했던 유럽 주주들의 후손들에게서 약간씩 지속적으로 매도 물량이 나왔다. 이 후손들은 다국적 기관의 주식에는 관심이 없었고, 장기 투자자산으로서 BIS 주식이 가진 매력에 대해서도 굳이 분석하지 않았다. 당시 유럽에는 벤저민 그레이엄 추종자가 거의 없었다.

BIS의 터무니없는 지분 인수 가격

세기 전환기에 BIS는 중앙은행이 아닌 주주들은 없애기로 결정했다. 그 이유는 우리가 BIS가 보유한 금괴들을 팔지 말라고 주기적으로 촉구한 데 피곤함을 느꼈거나(당시 많은 중앙은행들이 하락세에 있던 금을 팔고 있었다. 이들은 관료들이었다), 아니면 세계은행과 IMF가 다소 불신을 받고 있던 시점에 스스로를 금융위기를 방지하거나 이를 치유할 임무를 가진 잠재적으로 가장 중요한 다국적 금융기관으로 보았기 때문일 것이다.

이 당시 BIS 주식은 퍼스트 이글 글로벌 펀드의 10대 보유종목이 되어서 펀드 자산의 7%를 차지하고 있었다.

BIS는 당시 시가의 두 배를 우리에게 제안했다. 그러나 우리는 만족하지 않았다. BIS의 추가 공시에 기초해 우리는 (정적 기준에 따른) BIS 주식의 순자산가치를 당시 주가의 네 배, 그러니까 BIS 제안가의 두 배로 계산하고 있었다.

우리는 BIS 제안가를 정당화하던 아서 앤더슨$^{\text{Arthur Andersen}}$ (1년 후에 해체되었다)과 JP 모건 프랑스의 자료에는 관심을 보이지 않았다. 이들이 만든 자료는 우리가 기업분석에 전혀 사용하지 않는 현금흐름할인법에 기초한 것이었다.

당시 나의 동료였던 샤를 드보$^{\text{Charles de Vaulx}}$가 바젤로 날아갔지만, 그와 우리 변호사들은 거만한 BIS 관료들과 BIS를 대리하는 미국의 유명 로펌 파트너로부터 푸대접을 받았다. BIS의 제안은 최종적인 것이었고, 이들은 법정에서 보자고 했다.

BIS를 상대로 한 소송에서 승리하다

우리는 BIS 규정에 따라 BIS를 헤이그 중재재판소에 기소했다. BIS 주식을 꽤 많이 보유하고 있던 다른 펀드도 있었는데, 처음에는 이들도 우리와 함께 소송에 참여할 의사를 보였다. 하지만 나중에는 이를 거부했다(이 펀드의 윗분들이 당시 미 연준 의장이며 BIS의 이사인 앨런 그린스펀과 적이 되기를 원치 않은 것 같았다).

헤이그 중재재판소 판사들은 주요 중앙은행 총재들이 선출한 법학교수들이었기 때문에 대부분 우리가 이기지 못할 것이라고 했다. BIS 이사인 중앙은행 총재들이 선출한 판사들이 BIS에 반대하는 것이 과연 가능할까? 그러나 학계에는 지적인 정직함 같은 것이 있기 마련이다. 결국 이들은 진실을 추구하는 사람들이다.

결과적으로 우리는 원하던 시장가의 네 배를 받아내지는 못했지만, 세 배, 그러니까 BIS가 처음 제안한 가격보다 50% 더 높은 가격을 받아냈다. 중재재판소의 판결은 최종적인 것이어서 우리는 그 돈을 받았다. 우리는 만족했고, 사무실에서 샴페인을 터뜨렸다.

미 연준 의장 앨런 그린스펀이 이사로 있던 BIS라는 거대한 다국적 금융기관을 상대로 소송을 제기할 수 있게 해준 당시 나의 고용주 안홀드 앤 S. 블라이크뢰더에 이 기회를 통해 감사를 드린다.

나는 로스앤젤레스 로펌에 있던 (워런 버핏의 파트너로 유명한) 찰리 멍거를 우리 법률 대리인으로 하자고 제안했지만 안홀드 앤 S. 블라이크뢰더는 기존 로펌을 선호했다. 나의 전 고용주(소시에테 제네랄)라면 분명 소송을 막았을 것이다.

그 후 우리처럼 BIS 주식을 보유했던 다른 펀드 관계자들을 가끔 만났는데, 현재 금 가격이 우리가 순자산가치를 2만 달러로 추산했던 2001년의 거의 세 배가 되었음에도 불구하고, 이들은 우리가 자신들을 대신해 노력해준 것에 매우 감사해 했다. 참고로 말하자면 당시 BIS 주식을 넘기는 것은 선택사항이 아니라 의무사항이었다.

그러나 나는 '행동주의 투자자'는 아니다

나는 단기적으로 주가를 유리한 방향으로 움직이게 하기 위해 보유 기업 경영진에게 금융공학적인 일을 하도록 압력을 넣는 일은 결코 하지 않는다. 우리는 '온건한 사람들'이다. 그러나 할 수만 있다면, 그 누구도 우리를 (그리고 우리 투자자들을) 소액주주로 부적절하게 그리고 불쾌하게 이용하도록 내버려 두지는 않을 것이다.

또 다른 그레이엄 스타일의 투자

BIS 사건보다 앞선 1998년, 우리는 콜러Kohler Corp.에도 소송을 제기했다.

당시 콜러는 25%의 시장점유율을 가진 미국의 대표적인 주방 및 화장실 집기 생산업체였다. 1997년 매출액은 22억 달러, 세전이익은 1억 5,700만 달러였다. 퍼스트이글 펀드들이 아직 소규모일 때, 우리는 장외시장 '핑크 시트pink sheets' 주식을 매수하는 데도 편견이 없었다. 핑크 시트 주식들은 결코 건드리고 싶지 않은 '저가주penny stocks'이거나 극소량만 거래되던 주요 가족지배기업들의 주식이었다.

1990년대 중반 우리는 콜러 주식 몇 주를 매수하라는 제안을 받았다. 핑크 시트 주식 중개인들은 우리를 좋아했다. 그들이 주식을 추천하면 우리가 해당 기업에 대해 확인할 수 있는 제한된 공개정보를 찾아본 후 하루나 이틀 내에 분명한 답을 줬기 때문이다.

그런데 콜러 주식의 경우 장단점이 분명했다. 가격은 적절했지만 거래량이 적어서 유동성이 매우 낮았다. 그러나 우리는 장기 투자자였고, 따라서 적은 양의 비유동적인 주식을 보유하는 데 그리 개의치 않았다. 우리는 콜러 주식 80주를 보유하게 되었는데, 콜러 가족을 제외하고는 지분이 가장 많은 주주였다. 7,588주의 총발행주식 중 콜러 가족이 보유하지 않은 양은 300주에 불과했다.

1998년 콜러는 그 300주를 매입하기 위해 주당 5만 5,400달러를 제안했다. 우리는 (그리고 소수의 다른 주주들은) 콜러 주식의 진정한 가치는 주당 27만 3,000달러라는 근거로 콜러에 소송을 제기했다. 심리가 시작되기 며칠 전, 결국 콜러는 최초 제안가의 약 세 배인 16만 5,000달러로 우리와 합의했다.

그 후에도 콜러는 미국뿐 아니라 세계적으로 계속 큰 성공을 거둬, 현재 주가는 주당 100만 달러(혹은 그 이상)는 될 것이다. 나는 좋은 호텔에 묵을 때마다 화장실을 살펴보는데, 콜러 제품이 설치된 경우가 많았다. 그래서 콜러 주식을 계속 갖고 있었으면 좋았을 걸 하고 생각하곤 한다.

오마르 무사Omar Musa가 말한 것처럼, 콜러는 기업의 질적 측면에서 볼 때 주식의 매우 비유동적인 측면만 제외하면 버핏 스타일의 투자였다. 그러나 내가 기억하기에

(우리는 회사 이전 중에 많은 파일을 잃어버렸다), 콜러에 대한 우리의 가치평가 27만 3,000달러는 EBIT 대비 기업가치(EV/EBIT) 10배를 적용한 것이었고, 우리는 그보다 훨씬 낮은 3배 정도에 콜러 주식을 매수했다. 따라서 우리가 콜러 주식을 매수한 것은 그레이엄 스타일의 투자였다.

CHAPTER 5

"의심스러운 쪽보다는 편안한 쪽을 선택하라"
버핏 스타일의 투자 사례

워런 버핏은 분명하게 밝혔는데,
의심스러운 기업을 편안한 가격에 소유하기보다는
의심스러운 가격이라도 편안한 기업을 소유하라는 것이다.

나는 프랑스의 작은 마을에 살던 어린 시절부터 린트초콜릿을 먹었다. 지금도 여전히 린트초콜릿을 먹는데 (회사 입장에서 볼 때 수익성이 더 좋고 잘 포장된) 초콜릿 트러플보다는 초콜릿 바를 더 좋아한다.

1991년 나는 우연히 린트 앤 슈프륑글리(이하 린트초콜릿) 주식에 대한 한 증권사의 매도 추천 보고서를 접하게 되었다. 회사가 성장 전망이 낮고 계속된 경영진의 교체로 타격을 받고 있다는 게 그 이유였다. 1986년 스위스 증권거래소에 상장된 이 주식은 주식분할 조정 후 가격으로 1989년 3,800스위스프랑에서 1991년 말 2,500스위스프랑으로 하락한 상태였다.

복제하기 힘든 브랜드, 린트초콜릿

유명 브랜드 초콜릿 판매사업은 매출이 꾸준히 증가하

고 있다. 영업이익률이 높고 잉여현금흐름은 강한 매우 좋은 사업이다. 선진국에서는 연간 초콜릿 소비가 경제 성장에 비례해 대체로 증가하고 있고, 신흥국 시장에서는 소득 증가로 전반적인 초콜릿 수요가 확대되고 있기 때문에 매출이 증가하고 있다. 또한 세계적인 초콜릿 판매사가 거의 없다는 점을 감안할 때 경쟁 압력도 없어서 주기적으로 가격을 인상하고 있다.

그리고 이 사업에 대한 신규 진출자 대부분은 틈새 고급제품으로 가고 있으며, 규모의 경제도 부족하고 대량 유통 능력도 부족하다. 이런 틈새 고급제품들은 가격이 훨씬 비싸고, 따라서 네슬레^{Nestle}, 마즈^{Mars}, 캐드버리^{Cadbury's}, 린트초콜릿 등이 판매하는 대중적인 제품들과는 경쟁하지 않는다.

잘 경영되는 유명 초콜릿 판매사들은 보통 2년에 한번 정도 가격을 2~4% 올릴 수 있다. 원재료인 코코아, 우유, 견과류 가격이 상승할 때는 특히 그렇다. 이런 원재료 상품의 생산은 대부분 주기적인 경향을 보인다. 그래서 일정 기간이 지나면 코코아와 우유가 과잉 생산되고, 따라서 그 가격이 하락하지만 린트 같은 초콜릿 판매사들은 제품가격을 낮추지 않기 때문에 이익률은 훨씬 높아지게 된다.

또한 초콜릿이나 다른 대부분의 식품으로 새 브랜드를 구축하는 것은 비용이 매우 많이 들 뿐만 아니라 수십 년이 걸릴 수도 있는 일이다. 따라서 오랜 기간에 걸쳐 확립된 식품 브랜드는 약간의 관심만 기울여도 장기적으로 우수하고 지속적인 영업이익 성장이 가능하다. 린트초콜릿의 경우, 월마트닷컴에서 2달러 50센트를 주면 4온스짜리 초콜릿 바를 하나 살 수 있고, 3달러 50센트를 주면 5온스짜리 초콜릿 트러플을 살 수 있다. 따라서 절대금액적으로 보면, 이 초콜릿은 그리 비싸지 않은 작은 사치품이다. 3만 달러짜리 보급형 BMW 1 시리즈 한 대 가격으로 린트초콜릿을 얼마나 많이 사 먹을 수 있을까? 그 돈이면 평생 사먹고도 남을 것이다.

린트초콜릿의 기원은 1845년 스위스 취리히로 거슬러 올라간다. 당시 취리히에서 조그만 제과점을 운영하던 다비트 슈프륑글리-슈바르츠David Sprüngli-Schwarz와 그의 아들 루돌프Rudolf는 이탈리아 제과업자들을 모방해 처음으로 딱딱한 초콜릿 바를 만들었다. 1898년 이 제과점은 주식 자본금 150만 스위스프랑의 합자회사가 되었다. 그 이듬해 이 회사는 유명한 경쟁 브랜드인 로돌프 린트

Rodolphe Lindt의 베른 지역 생산설비를 인수했다. 1919년 매출액은 1,000만 스위스프랑이고, 그중 75%가 수출이었다. 1925년에는 뉴욕에 자회사를 세웠다. 그리고 1962년에 와서 매출액은 1억 스위스프랑으로 늘었다.

그 후 1992년 당시 72세로 린트초콜릿 이사회 의장이자 회사 주식 40%를 보유한 지배가족의 대표 루돌프 R. 슈프륑글리가 45세의 부인과 헤어진 지 4개월 만인 그해 7월 38세의 알렉산드라 간텐바인Alexandra Gantenbein이란 여인과 비밀결혼을 했다는 뉴스가 나왔다. 그러자 회사의 주가가 20% 곤두박질쳤다. 런던의 〈인디펜던트 Independent〉는 알렉산드라가 "프리랜서 전도사이자 미국의 기이한 종파의 예비교인이고, 사진모델 겸 웨이트리스이며, 또 특별한 야심가"로 회사 경영에도 영향력을 행사했다고 보도했다. 이 일로 사장이 사임을 했는데, 이는 6년 동안 네 번째 사장 교체였다.

'정직하고 능력 있는 경영진'에 대한 기대

린트초콜릿 애호가 입장에서 봤을 때, 경영진 문제에도 불구하고 린트초콜릿의 품질은 여전히 훌륭했다. 또한 나는 린트초콜릿의 높은 명성 그리고 유럽, 특히 독일과 프랑스에서 구축한 우수한 유통망에 대해서도 잘 알고 있었다. 따라서 린트초콜릿이 수십 년에 걸쳐 확립된 복제하기 힘든 매우 가치 있는 브랜드라는 것을 알고 있었다.

그런데 재무제표들을 검토하면서, 매출 성장이 약하고 영업이익률은 서서히 하락하고 있었기 때문에 주가 하락이 부분적으로는 타당하다는 사실을 발견했다. 당시 주가는 PER 9배인 2,500스위스프랑으로 낮은 수준이었다.

서유럽의 초콜릿 수요는 대체로 GDP 성장률 수준으로 증가하고 있었고 주기적인 가격 인상이 가능했다. 때문에 능력 있는 경영자가 영입되어 회사를 경영하면 장기적인 매출 증가율은 연평균 4~5%가 될 가능성이 매우 높았다. 또 매출액 증가는 전체 비용 비율을 낮출 것이기 때문에 영업이익률도 연 6~8%는 쉽게 상승할 수 있었다.

이런 상황에서 발생할 수 있는 최악의 경우는 린트초콜릿이 유럽에서 확립한 브랜드와 유통 가치에 해당하는 가격으로 타 기업에 인수되는 것이었다. 실제로 네슬레, 캐드버리, 허쉬Hershey's를 포함한 여러 기업들이 린트초콜릿 인수에 관심을 보이고 있다는 언론보도도 있었다. 그래서 나는 린트초콜릿 주식을 매력적인 가격에 매수하기 시작했다.

1993년 루돌프는 가족 주주들과 이사회의 압력으로 CEO 지위를 에른스트 태너Ernst Tanner에게 넘겼다. 태너는 그 이전 25년 동안 거대 소비재기업 존슨앤드존슨의 유럽과 미국 본부에서 일했고, 린트초콜릿 CEO로 오기 직전에는 존슨앤드존슨 유럽 회장으로 있었다.

태너가 취임했음에도 불구하고 주가는 즉각 움직이지 않았고, 그 후에도 몇 년 동안 큰 변동이 없었다. 나는 린트초콜릿의 반기보고서들을 통해 태너가 회사를 개선하고 성장시키기 위해 취하는 여러 조치들을 확인하면서 참고 기다렸다.

태너는 일관된 품질을 가진 프리미엄 초콜릿을 만드는 데 초점을 맞추고 생산설비를 업그레이드했으며, 유럽에서의 마케팅과 유통을 강화했다. 또한 미국인들이 스위스 초콜릿의 생소한 맛에 익숙해질 수 있도록 미국에 소매점포를 여는 조치를 포함해 미국 시장으로 사업을 확장하는 중요한 그리고 위험 부담이 있는 여러 노력도 기울였다. 나는 이러한 변화의 효과가 재무제표에 긍정적으로 나타나기까지는 시간이 걸릴 것이라고 생각했다.

1993년에서 2012년까지 태너는 생산과 물류의 개선, 브랜드 홍보와 사업의 세계적 확장에 25억 스위스프랑을 지출했다. 그리고 기라델리Ghirardelli를 포함해 3건의 기업 인수를 단행했다. 1998년에 인수한 기라델리는 미국의 유명 초콜릿 브랜드로, 캘리포니아 골드러시 당시 금광인부들에게 잡화와 제과를 파는 상점으로 1849년 한 이탈리아 이민자가 시작한 회사였다.

1992년 린트초콜릿의 매출액 80%는 스위스, 독일, 프랑스에서 발생했으며, 이익의 약 80%도 이 3개국에서 발생했다. 그해 영업이익은 6,700만 스위스프랑이었는데, 이는 총매출액 8억 스위스프랑의 8.6%에 해당했다.

태너의 조치들은 꾸준한 매출 성장과 영업이익률 상승으로 이어졌다. 2014년 매출액은 33억 9,000만 스위스프랑에 달했고, 영업이익은 매출액의 14%인 4억 7,400만 스위스프랑이 되었다. 순이익은 1992년 3,800만 스위스프랑(매출액 대비 4.8%)에서 2014년 3억 4,300만 스위스프랑(매출액 대비 10.1%)으로 증가했다. 2014년의 기초 자기자본 대비 이익률은 18%였다. 보통주 주가는 1992년 약 2,500스위스프랑에서 2015년 12월 약 7만 4,000스위스프랑으로 상승했다. 2014년 주당순이익은 1,460스위스프랑, 주당배당금은 725스위스프랑이었다. 그리고 현재(2016년 중반) 시가총액은 130억 스위스프랑을 넘는다.(2021년 3월 현

재는 202억 스위스프랑 수준이다—편집자)

내재가치와 적정 매도 시기

양적, 질적 분석을 하는 가치투자자로서 하게 되는 한 가지 큰 걱정은, 버핏 스타일의 장기 이익 증가 주식을 찾았다고 생각했는데 그레이엄 스타일의 담배꽁초 주식이거나 그보다 못한 주식으로 밝혀지는 것이다.

그런데 린트초콜릿은 그레이엄 스타일의 주식으로 보고 투자를 시작했는데, 버핏 스타일의 주식이 되었다(때로는 운도 따르는 법이다). 세계 초콜릿 소비량은 1999년 580만 톤에서 2014년 750만 톤으로 증가했다.

린트초콜릿 주식이 매우 비쌌던 적도 있었다. 2007년 주가는 2008년 예상 주당순이익의 40배가 넘는 4만 5,000스위스프랑까지 치솟았다. 나는 보유 주식의 일부 혹은 전부를 매도해야 하는 것 아닌가 하는 생각을 했었다(결국은 매도하지 않았다). 그 후 2009년 3월 린트초콜릿 주가는 1만 9,000스위스프랑까지 하락했다가 다시 상승해 마침내 2007년 고점을 넘어섰다.(2021년 3월 현재 8만 6,200스위스프랑에서 거래되고 있다—편집자)

2011년과 2012년 린트초콜릿은 3억 2,700만 스위스프랑을 투입해 회사 주식 5%를 자사주 매입했고, 2014년에 또 5%를 자사주 매입했다. 태너는 지금도 여전히 CEO로 일하고 있다.

현재 린트초콜릿의 배당수익률은 1.2%인데, 최초 매수가 기준 배당수익률로는 25%가 된다. 내가 1990년대 초에 처음 매수한 이 주식을 2007년 고점에 매도했다고 가정해도, 연 복리 25%의 총수익률을 제공해줄 투자자산은 거의 없다. 그때 주식을 매도했다면 자본소득세를 납부해야 했을 것이다. 물론 일시적으로 하락한 이 주식을 다시 싸게 매수할 기회도 있었을 것이다.

이 사례는 버핏의 투자법과 관련해 '주가가 내재가치를 초과할 경우 당연히 그 주식을 매도해야 하는가?' 하는 한 가지 중요한 질문을 하게 만든다. 앞서도 말했지만, 이에 대한 나의 답은 상황에 따라 다르다는 것이다.

린트초콜릿처럼 강력한 경쟁우위, 안정적이고 성장하는 사업과 강력한 잉여현금흐름을 가진 기업은 매우 드물다. 따라서 그런 주식은 약간 혹은 어느 정도 과대평가되었을 경우에는 매도해서는 안 된다. 물론 아주 크게 과대평가되었다면, 보유량의 일부는 매도해야 한다.

현재 일본, 중국, 인도, 라틴아메리카 같은 시장이 린트초콜릿 매출에서 차지하는 비중은 약 7% 정도이고, 향후 더 성장할 여지도 많다. 세계 초콜릿 소비량도 2020년까지 약 12% 증가해 8,500만 톤이 될 것으로 예상된다. 현재 린트초콜릿의 주가는 2016년 EBIT 대비 기업가치(EV/EBIT 2016) 25배 수준이다. (2021년 3월 주가 8만 6,200스위스프랑을 기준으로 한 주가수익배수는 65배이다-편집자)

CHAPTER 6

"시장을 지배하고 있는 기업을 잡아라"
일본 기업 투자 사례

일본의 경우에는 가격이 매우 싼 세계적인 기업 몇 개와
수많은 소형주들이 있다.
가격이 싼 소형주들이 많은 유일한 이유는
적대적 기업 인수가 일본의 기업문화가 아니기 때문일 것이다.

전문투자자로서 우리는 증권사에 주식의 매수 혹은 매도 주문을 한다. 증권사는 우리만을 위해 특화된 분석보고서를 제공하는데, 그것은 우리의 시간지평이 6~12개월이 아니라 5년 이상이기 때문이다. 따라서 소수의 선택된 증권사들과 많은 일을 하는 대부분의 자금운용사들과 달리, 나는 많은 증권사들에게 조금씩 일을 나눠줬다. 그럼으로써 이들이 보내주는 간략한 보고서들을 정독했고, 이를 통해 우리가 추가로 더 분석해야 할지를 판단할 수 있었다.

이 과정에서 1990년대 중반 일본의 한 소형 증권사가 제공한 시마노Shimano에 대한 보고서를 접하게 되었다.

세계 최대의 자전거 부품 제조사, 시마노

시마노는 세계 최대의 자전거 부품 제조사로 자전거

변속기, 바퀴, 체인, 브레이크, 페달 등을 제조, 공급하고 있었다. 시마노가 공급하는 이런 부품들은 모두 일반 자전거 이용자들에게 안전, 신뢰, 속도를 제공하는 고도의 기계제품들이었다. 시마노는 그 대부분이 상품사업인 자전거 프레임은 만들지 않았다.

그리고 시마노의 자전거 부품들은 대만의 자이언트Giant 같은 메이저 자전거 제조사들에게 판매되고 있다. 시마노는 일반 소비자들도 많이 들어본 이름이어서, 몇 년 전 독일의 자전거 이용자들이 자전거상점에 시마노 울테그라Ultegra 자전거를 요청한 일이 있었다. 그런데 울테그라는 자전거 완성품이 아니라 시마노의 중간 부품이었다. 현재 시마노의 넥서스 계열 중간 부품은 세계 표준이다.

경쟁자로는 이탈리아의 캄파뇰로Campagnolo와 미국의 SRAM 정도가 꼽힌다. 시마노는 공학기술에 강점이 있는 반면 SRAM은 마케팅이 강하다는 의견도 있지만, 경쟁자들과의 격차는 분명해 보인다.

시마노는 시장점유율을 계속 높이고 있는 상황이며, 현재 자전거 부품 시장을 지배하고 있다. 시마노의 공학기술은 대부분 냉간단조 공정을 포함하는 것이고, 이와 관련해 많은 특허권을 보유하고 있다. 반면 SRAM은 아직

전기 기어장치를 생산하고 있지 않다. 캄파놀로는 이 두 기업보다 훨씬 작다. 산악자전거 부문에서는 전혀 경쟁력이 없고, 매우 고가의 자전거 부품에만 전문화하고 있다.

그리고 시마노는 OEM 생산자들과 공정하게 거래하고 있다. 시마노는 보다 고가 제품으로 진출하기 위해 OEM 생산자들이 어떤 제품 주문이라도 받을 것을 요구하지 않는다.

시마노는 생산의 50% 이상을 싱가포르, 말레이시아, 중국, 필리핀, 체코 등 해외에 아웃소싱하고 있다. 일본에서 생산된 부품은 엔화로, 해외에서 생산된 부품은 달러로 판매하고 있다.

매출의 거의 90%가 해외에서 발생하고 있다. 다른 시장들도 지난 10년간 네 배나 성장했지만, (자전거가 출퇴근용으로 사용되는) 독일과 네덜란드가 있는 유럽이 압도적으로 중요한 시장이다(전체 자전거 부품 매출의 50% 이상을 차지하고 있다). 그 다음이 미국과 일본 시장이다. 현재 중국 시장이 차지하는 매출은 7%가 넘는 정도다.

시마노의 사업은 경기를 타서, 2009년에는 전체 매출액이 약 20% 하락하기도 했다. 그렇지만 장기 전망이 좋은 기업을 찾는 나로서는 여기에 전혀 개의치 않았다. 그 이유는 다음과 같다.

첫째, 지속적인 이익 증가는 이따금 경영진이 수치를 조작한 결과이기도 하다(1990년대에는 그런 경우가 많았다). 사업이 거의 항상 일관성을 보이는 것은 아니다. 어떤 해는 '그냥' 다른 해보다 좋기도 하다.

둘째, 가끔씩 경기를 타면, 가치투자자 입장에서는 안 좋은 해에 싸게 사서 좋은 해에 비싸게 팔 수 있는 기회를 얻게 된다.

시마노는 릴과 낚싯대 같은 낚시도구도 만들며(낚시도구 역시 자전거 부품과 마찬가지로 냉간단조 공정이 포함된다), 이 제품들은 전체 매출의 20%를 차지하고 있다. 그러나 낚시도구는 생산라인과 수작업 생산이 너무 많기 때문에 수익성은 자전거 부품보다 훨씬 낮다.

2014년은 시마노에게 매우 호황기여서 매출액이 20%, 영업이익은 45% 증가했다. 신흥국 시장 소비자들은 더 고가의 자전거로 바꿀 가능성이 매우 높다. 선진국 시장에서는 자전거 타기가 매우 대중화되고 있다.

현재 서구의 3대 도시인 파리, 런던, 뉴욕에 공공자전거 시스템이 도입되어 있다. 그리고 솔직히 프랑스, 이탈리아 같은 나라를 여행하기에는 자전거가 제격이다. 이

나라들을 여행하기에 자동차와 열차는 너무 빠른 수단이고, 그냥 걸으며 둘러보는 것은 너무 느리다. 자전거로 여행하다 힘들면, 밴의 화물칸을 이용할 수도 있다.

시마노의 '아주 적절한' 자사주 매입

나는 짐 그랜트가 개최한 2009년 봄 투자 컨퍼런스에서 발표를 한 적이 있다. 당시 나는 시마노를 포함한 몇 개의 일본 기업(SMC, 화낙^{Fanuc}, 캐논, 아스텔라스제약^{Astellas})을 높이 평가한 바 있다. 그 후 지금까지 시마노의 주가는 3.5배 상승했다. 2009년 당시 시마노 주가는 우리 회사 애널리스트 앨런 바$^{Alan\ Barr}$가 추산한 내재가치 4,540엔에서 30% 이상 할인된 가격이었다.

그리고 〈표 6-1〉에서 볼 수 있듯이 시마노는 2006년까지 매우 적극적으로 자사주를 매입했다. 이 자사주 매입으로 4년 만에 유통주식의 거의 1/3을 회수했다. 그런데 그 후, 특히 2011년 이후에는 자사주 매입이 크게 줄었는데, 그 이유는 주가가 급등했기 때문이었다. 그러나 주당배당금은 2006년 35엔에서 2014년 105엔으로 세 배 증가했으며, 2015년에는 155엔으로 늘었다.

사업이 그 자체로 수익성이 매우 좋고 그리 자본집약

〈 표 6-1 〉 시마노의 자사주 매입(2002~2010년)

연도	자사주 매입 금액 (100만 엔)	자사주 매입 주식 수 (주)	주당 평균 자사주 매입가(엔)	연말 유통주식 수 (주)
2010	4,551	1,135,000	4,010	93,768,000
2009	3,586	1,001,000	3,582	
2008	298	65,000	4,585	
2007	3,816	1,019,000	3,745	
2006	20,003	5,727,000	3,493	
2005	19,567	6,201,000	3,155	
2004	31,043	12,478,720	2,488	
2003	20,535	11,177,217	1,837	
2002	4,461	2,531,942	1,762	
2001				134,953,000

적이지도 않아서 시마노의 재무 상태는 매우 좋았다. 자기자본이 총자산의 80%를 차지하고 있고, 순현금도 거의 1,300억 엔에 달했다. 주가는 2012년에 48%, 2013년에 80%, 2014년에 67% 상승했다. 따라서 2016년 초반 현재 시마노의 주가는 2015년 EBIT 대비 기업가치(EV/EBIT 2015) 17배로 비싸다. 시마노로서는 2015년 아주 훌륭한 한 해를 보냈다. 시마노 경영진은 신제품의 출시와 시장점유율 증가를 예상해 2016년 실적 역시 낙관하고 있다.

10년 전 전기자전거는 거의 제로 상태였는데, 지금은 자전거시장의 4~5%를 차지하고 있다. 유럽에서 전기자전거의 소매가격은 2,000~2,500유로 정도이며, 시마노 부품이 전기자전거의 20~30%를 차지하고 있다.

2016년 3월 중순 현재, 시마노의 주가는 1만 7,780엔이다. (2021년 3월 현재 시마노의 주가는 2만 4,520엔 수준에서 거래되고 있다—편집자) 따라서 2002~2010년 사이 지금보다 훨씬 낮은 가격에 했던 시마노의 자사주 매입은 시장에 남은 유통주식의 내재가치를 크게 높였다. 아주 적절한 자사주 매입이었으며, 이는 많은 미국 기업이 2014년과 2015년 그리고 2016년까지 고점 혹은 고점 근처에서 했던 자사주 매입과 크게 대비된다.

현재 시마노 주식의 일부는 알고리듬으로 투자하는 모멘텀 매매자들의 수중에 있는 것으로 보인다.

블룸버그에 따르면, 퍼스트 이글이 일부 수익을 실현한 후인 2016년 8월 중순 현재도 퍼스트 이글 인베스트먼트 매니지먼트First Eagle Investment Management는 시마노 유통주식의 거의 5%(약 460만 주, 평가액으로는 약 6억 8,500만 달러)를 보유하고 있는 3대 주주다.

CHAPTER 7

"지주회사가 가진 이중의 혜택에 주목하라"
홍콩 기업 투자 사례

지주회사에 투자하면, 주가가 순자산가치보다 빠르게 상승함으로써

할인율이 좁혀지거나 없어지는 혜택,

그리고 지분이 투자된 계열사들의 가치 상승으로

순자산가치가 상승하는 혜택,

이렇게 이중의 혜택을 누릴 수 있다.

여러 기업의 지분을 보유하고 있으며, 경영진이 그 지분을 언제 매수하고 매도할지 결정하는 지주회사들이 있다. 나는 이런 지주회사를 늘 관심 있게 지켜봐왔다.

경영진이 능력 있고 주요 주주들이 일반 주주들과 이해관계를 같이하고 있는 지주회사 주식을 순자산가치에서 상당히 할인된 가격에 매수하면, 이 주식은 매우 좋은 투자자산이 될 수 있다. 이런 주식은, 좋은 자산을 가지고 있으며 뛰어난 운용진이 운용하고 가격이 크게 할인된 폐쇄형 펀드와 다소 비슷하다.

이런 주식에 투자하면, 주가가 순자산가치보다 빠르게 상승함으로써 할인율이 좁혀지거나 없어지는 혜택, 그리고 지분이 투자된 계열사들의 가치 상승으로 순자산가치가 올라가는 이중의 혜택을 누릴 수 있다.

증권사 보고서에서 단서를 찾다

1986년 한 증권사의 분석보고서를 통해 나는 홍콩증권거래소에 상장된 쇼 브라더스Shaw Brothers라는 지주회사를 접하게 되었다. 이 지주회사의 주요 자산은 (지상파 방송사로 역시 홍콩증권거래소에 상장된) TVB의 지분 약 1/3이었다. 영어와 중국어 채널을 각각 가진 TVB는 홍콩 시청자 70% 이상과 홍콩에 인접한 중국 본토 심천지역 주민 상당수를 그 시청자로 보유하고 있었다. 따라서 TVB는 광고주들에게 매우 매력적인 매체였고, 영업이익률은 25%를 넘었다.

쇼 브라더스가 보유한 다른 자산들로는 1,000편 이상의 중국 영화를 보유한 영화 라이브러리(이런 종류로는 최대 규모다), 과거 극장들을 직접 소유한 결과로 갖게 된 부동산 등이 있다.

증권사의 분석보고서는 쇼 브라더스가 부동산 매각을 통해 단기적으로 좋은 수익을 기록할 가능성이 있다고 했지만, 내가 흥미를 가진 것은 TVB와 다른 자산들에 대한 쇼 브라더스의 소유권이었다.

회사 연차보고서를 검토하고 쇼 브라더스가 보유한 TVB 지분의 시장가치를 판단하기 위해 조정을 한 결과,

나는 쇼 브라더스의 주가가 순자산가치에서 대략 40% 할인되었다는 것을 발견했다. 또한 나는 쇼 브라더스가 과거에 자산 매각 후 주주들에게 상당한 특별배당금을 지급했다는 사실도 확인했다. 따라서 쇼 브라더스 지배지분을 보유하고 있던 당시 78세의 런런 쇼Run Run Shaw, 邵仁楞가 이끌던 쇼 브라더스 경영진은 어느 정도 주주친화적인 것으로 보였다.

이 지주회사의 기원은 1924년 상하이의 런런과 그의 형 런미Run Me, 邵仁枚로 거슬러 올라간다. 런런과 런미라는 영어식 이름은 인력거를 뜻하는 '릭셔ricksaw'와 발음이 비슷한 가족 성 샤오Shao에 아버지가 재미삼아 붙여준 이름이 분명하다(따라서 런런 쇼, 런미 쇼는 달려라 인력거, 달리는 인력거 정도의 뜻이 된다). 당시 이 두 형제는 가족이 운영하던 섬유사업을 접고 연극과 무성영화를 제작하기 시작했다.

1927년 두 형제는 중국의 국공내전을 피하기 위해 싱가포르로 이주했다. 여기서 이들은 극장들을 매입해 자체 제작 영화를 상영하기 시작했다. 2014년 1월 106세에 사망한 런런의 〈뉴욕타임스〉 부고를 보면, 2차 세계대전 당시 일본이 싱가포르를 점령했을 때 이들의 극장과 관련

장비들은 모두 몰수되었다. 그러나 뒷마당에 숨겨둔 400만 달러 이상의 금과 보석 등을 밑천으로 이들은 2차 세계대전이 끝난 후 다시 엔터테인먼트사업을 시작했다.

영화 스튜디오 왕국, 쇼 브라더스

1959년 런런은 중국영화의 주요 시장인 홍콩으로 이주해 그곳에서 당시로서는 세계 최대의 민간 영화 스튜디오를 세웠다. 그해 영화 〈강산미인The Kingdom and the Beauty, 江山美人〉이 홍콩 박스오피스 신기록을 세웠다. 또 〈양귀비The Magnificent Concubine〉는 1962년 칸 영화제에서 기술상을 받은 세 작품 중 하나다.

런런의 스튜디오에서 끊임없이 제작된 영화에는 멜로와 사극 외에도 〈외팔이 검객The One-armed Swordman〉 같은 무협영화 그리고 1960년대 말부터는 〈죽음의 다섯 손가락Five Fingers of Death〉 같은 액션영화들이 있다. 액션영화들은 비평가들에게는 혹평을 받았지만 대중적으로는 성공했다. 〈뉴욕타임스〉 기사에 따르면, 제일 좋아하는 영화가 뭐냐는 질문에 런런은 "돈을 벌어주는 영화들을 제일 좋아한다"고 했다.

1970년대가 되자 쇼 브라더스는 좌석 1,000석 이상인 홍콩의 대형 극장 여러 개를 포함해 200개 이상의 극장을 보유하게 되었다. 또 추가로 600개의 스크린 소유자들과 유통 계약을 맺기도 했다. 이로써 동남아시아 최대의 영화 제작-유통-상영 체인을 완성했다.

미국에서라면 이런 수직적 통합전략은 반독점법 때문에 불가능했을 것이다. 쇼 브라더스는 자신의 동남아 극장들에서 자체 제작 영화 외에도 외국 영화들을 유통하고 상영했으며, 많은 할리우드 공동제작 영화들에도 투자했다. 그리고 1971년 홍콩증권거래소에 상장했다.

쇼 브라더스는 과거 할리우드 스튜디오 시스템을 따라서 주연급 배우들과 일반적으로 3년, 5년 혹은 8년 기준으로 계약을 체결했다. 계약한 주연급 배우들은 대략 12일 정도에 한 편씩 찍어내는 공장식 영화 제작 일정에 맞추기 위해 일주일에 6일을 일해야 했다. 또한 런런은 영화의 창작 부문도 통제해서 플롯, 각본, 주연 배우 같은 문제들을 최종 결정했다. 그래서 이소룡이나 성룡 같은 스타들과는 계약하지 않았다. 1970년에 이소룡은 영화 한 편당 미화 1만 달러를 요구했지만 런런은 고작 2,000달러를 제안한 것으로 보도되었다.

쇼 브라더스의 전 임원이 설립한 경쟁 영화사 골든하

베스트Golden Harvest는 한 편당 7,500달러의 출연료와 완전한 창작의 자유를 보장하고 이소룡과 계약했다. 1978년에는 성룡과도 계약했다. 이소룡과 성룡 덕분에 가능했던 골든하베스트 영화들의 성공은 영화 스튜디오로서 쇼 브라더스의 위상을 퇴색시켰다.

1983년 런런은 홍콩의 영화 스튜디오를 닫고 TV 프로그램 제작과 방송에 집중하기 시작했다. 현명한 사업 전환이었다. 이때 홍콩의 영화 제작은 할리우드의 경로를 따라 고액 출연료의 주연 배우들과 거대한 예산에 좌우되거나 타인의 돈으로 이루어지고 있었다. 따라서 쇼 브라더스가 그런 영화에 투자해서 좋은 수익을 올릴 가능성은 적었다. 그럼에도 쇼 브라더스 영화 라이브러리의 규모는 점점 커졌다. 게다가 가격이 대폭 하락한 영화들을 수년간 재방영하는 것은 수익성이 매우 좋았다. 또 TV 프로그램은 영화에 비해 제작비가 덜 들었고, 대부분 시리즈물이었기 때문에 어느 정도 인기만 얻으면 지속적인 광고수입을 제공했다.

그보다 앞선 1972년 런런은 TV방송사 TVB를 설립했고, 곧 홍콩 시장의 80%를 지배하게 되었다. 홍콩 최초의 상업방송사인 TVB는 세계적인 중국어 TV 프로그램 제작사로 성장했다. 연 6,000시간의 프로그램 대부분은 7개의 다른 언어로 더빙되었으며, 30개국 이상에서 유통되었다. TVB는 1984년 홍콩증권거래소에 상장되었으며, 쇼 브라더스는 TVB의 지분 57%를 보유한 최대주주였다.

1980년대 중반 홍콩의 부동산 가격이 상승하자 런런은 이 기회를 놓치지 않고 쇼 브라더스의 여러 대형 극장들과 다른 부동산들을 보다 수익성이 높은 상업용으로 전환했다. 1986년 내가 보게 된 증권사 보고서에서 쇼 브라더스의 단기 수익성이 좋을 것으로 전망한 것은 바로 이 때문이었다.

그러나 당시 홍콩 주식시장은 규제 문제를 비롯해 내부자 거래, 회계 조작 등 여러 스캔들이 있었다. 쇼 브라더스의 주식 매수에 대해 홍콩의 몇몇 증권사들과 의논할 때, 이들은 현지의 중국인 매매자나 도박꾼들이 홍콩 주식시장을 지배하고 있다면서 홍콩 시장에 들어오지 말 것을 권했다. 하지만 나는 쇼 브라더스 주식을 매수하기 시작했다. 쇼 브라더스가 좋은 사업을 가지고 있고 경영진도 대체로 주주친화적이라는 점이 판단의 근거였다.

신흥국 주식투자에서 주의할 점

나의 매수 결정은 쇼 브라더스를 중국에 대한 투자 대용물로 활용하려는 것은 전혀 아니었다. 사실 나는 신흥국 시장 투자 성공스토리를 신봉하는 사람은 아니다. 주요 신흥국 브라질, 러시아, 인도, 중국을 통칭하는 'BRICs'라는 말은 이들의 경제, 정치 및 법률 시스템에 공통점이 거의 없음에도 불구하고 투자은행들이 만들어낸 교묘한 마케팅 용어에 불과하다.

물론 신흥국의 인구와 수입 증가는 상당한 투자 기회를 제공해주지만, 이는 이들의 현지 주식시장을 통해서는 아닐 것이다. 대부분의 신흥국에서 주식시장은 현지인들에게 유리하게 되어 있다. 외국 투자자들을 보호하는 규정은 대부분 서류상으로만 존재하며, 투자와 이익을 보호하기 위한 법적 노력에는 (지금 아르헨티나 국채 투자자들이 깨닫고 있는 것처럼) 많은 비용이 들고 여러 해가 소요된다.

그리고 신흥국 시장에 대한 직접 투자는 1980년대 중남미 부채 위기, 1994년 멕시코 페소화 가치 하락, 1997년 태국과 1998년 러시아의 금융위기, 그리고 2013년 브라질과 인도의 통화 가치 하락 같은 주요 위기들로 인해 주기적으로 타격을 받고 있다.

서구 주식시장도 2002년 엔론과 월드콤WorldCom의 회계 스캔들에서 밝혀진 바와 같이 회계 문제에서 자유로운 것은 아니지만, 인도의 경우 일부 현지 기업들의 회계가 의심스러웠다. 유니레버와 네슬레 같은 다국적기업의 인도 자회사들은 항상 매우 비쌌고 PER이 45배 이상인 경우마저 있었다.

우리 퍼스트 이글은 1988년 런던증권거래소에 상장된 칠레의 구리 생산회사 안토파가스타Antofagasta 그리고 (멕시코의 인더스트리아스 뻬뇰레스Industrias Penoles의 귀금속 사업 부문으로) 2008년 런던증권거래소에 상장된 프레스닐로그룹Fresnillo Group 같이 서구 주식시장에 상장된 신흥국 기업 주식에 투자해 좋은 수익을 올려왔다. 이런 경우 우리의 투자 논리는 상품가격주기 저점 근처에서 그 주식을 매수하고, 그 후 공급 부족에 따른 수요 호황에 편승하는 것이었다.

런던 상장회사들이 제출해야 하는 재무 및 기타 자료에 대한 현황 보고서 외에도, 광산업은 미국 지질조사국 보고서Geological Survey reports 같은 다른 독립적인 검증 수단들이 있기 때문에 회사와 산업 자료들을 조작하기가 다른 업종보다 어렵다.

경쟁자가 없는 사업의 높은 수익성

1980년대와 1990년대에 상업 TV 회사는 이익률과 잉여현금흐름이 좋은 사업이었으며, 2012년과 2013년 TV 회사들의 실적으로 보건대 심지어 미국에서도 여전히 좋은 사업이다. 홍콩을 포함해 TV사업권은 정부가 제한된 수의 사업자에게만 싼값에 부여했다. 따라서 일단 TV방송국 운영사업권을 얻게 되면 경쟁자가 별로 없는 사업을 하게 된다. 또한 TV사업은 방송 송신탑을 세우는 초기 비용을 제외하고는 자본집약적인 사업이 아니다.

TVB의 경우 1972년 세워진 홍콩 최초의 상업방송국이라는 부가적인 이점도 있었다. TVB는 영어와 중국어 채널을 각 하나씩 보유하고 있었다. 그리고 자체 제작 프로그램 외에도 매주 두세 편의 할리우드 블록버스터 영화들을 방송했다. 1997년 홍콩이 중국으로 반환되기 전 TVB의 공식 시장인구는 약 700만 명이었지만, 인접한 중국 본토 심천의 1,500만 명의 인구 중 상당수도 TVB의 지상파 방송을 수신했다. 계속 늘어나고 부유해지는 사람들에게 방송을 송신하는 TVB는 광고료 인상이 가능한 회사였다.

1998년 TVB는 위성TV를 통해 최초의 표준 중국어 드라마 채널을 열었다. 그리고 2004년에는 몇몇 파트너들과 함께 본격적인 위성방송에 뛰어들었다. 그보다 앞선 1993년 케이블 및 위성방송업자들과의 경쟁에 긴장한 쇼 브라더스는 TVB 지분 22%를 루퍼트 머독의 뉴스코퍼레이션에 매각했다. 그리고 1996년 머독은 그의 TVB 지분을 홍콩에서 가장 부유한 사업가 중 한명이며, 과거 TVB 지분 24%를 보유했던 궈허녠Robert Kuok, 郭鶴年에게 매각했다. 같은 해에 궈허녠은 런런을 압박해 TVB의 출판, 음악, 부동산 부문 자회사인 TVE에 대한 런런의 지분을 인수했다. 〈뉴욕타임스〉에 따르면 이는 홍콩 최초의 적대적 기업인수였다.

그럼에도 TVB의 강력한 경제성은 지속되었다. 예를 들어 TVB는 2006년 유료TV 사업부문에서 1억 6,300만 홍콩달러의 손실을 냈지만, 전체적으로 41억 홍콩달러의 매출액에 11억 홍콩달러의 순이익을 기록했다. 순이익률이 25%가 넘는 기업은 매우 드물다.

20년 동안 연 복리 15%라는 성과

2008년 12월 런런은 소액주주들의 지분을 매수해서 쇼 브라더스의 상장을 폐지했다. 그런 후 2011년 1월 쇼 브라더스는 보유하고 있던 TVB 지분 32%를 (보도에 따르면)

13억 달러에 미국 사모펀드 프로비던스 에쿼티 파트너스 Providence Equity Partners가 포함된 그룹에 매각했다.

쇼 브라더스가 싸고 좋은 주식이기는 하지만 BIS와 달리 우리 포트폴리오에서 차지하는 비중은 상대적으로 적었다. 예를 들어 1999년 소젠 인터내셔널 펀드의 운용자산 19억 달러에서 쇼 브라더스가 차지하는 비중은 1%였고, BIS의 비중은 1.7%였다. 이는 쇼 브라더스가 소액주주들에 대한 보호가 상대적으로 적은 홍콩법의 적용을 받았고, 경영진이 다른 주주들은 제외하고 런런에게만 혜택을 주는 일부 조치들을 취했기 때문이었다.

또한 BIS가 이해하기에도 더 단순했다. BIS의 경우 최악의 하방 리스크는 금 가격의 급락이었는데, 이런 리스크는 추정 순자산가치에서 50% 할인된 주가에 이미 반영되었다. 반면 쇼 브라더스의 가장 큰 리스크는 소액주주들의 지분이 아무런 법적 규제 없이 순자산가치에서 크게 할인된 가격에 대주주에게 매각되는 것이었는데, 실제로 그런 일이 벌어졌다.

그럼에도 우리 펀드가 쇼 브라더스에 대한 투자로 올린 총수익률은 주식을 보유한 20년 동안 연 복리로 15%에 달했다.

CHAPTER 8

"더 비싼 값을 지불하는 데는 이유가 있다"
명품 브랜드 투자 사례

> 나는 명품 브랜드 기업에는 많이 투자하지 않았다.
> 그런데 중국, 인도, 러시아 같은 국가들에서 출현한 신흥 부자들과
> 2008년 금융위기 이후의 통화 정책 등은
> 전 세계적으로 명품에 대한 수요를 증대시켰다.

나는 명품 브랜드 기업에는 많이 투자하지 않았다. 대부분의 명품 기업에는 유행의 요소가 있으며, 이는 당연히 불확실성을 야기한다. 오늘은 유명하지만, 내일은 아닐 수도 있다.

그런데 이와 동시에 많은 신흥 부자들, 특히 중국, 인도, 러시아 같은 주요 국가에서 출현한 신흥 부자들과 2008년 금융위기 이후 매우 완화된 통화 정책의 결과로 채권, 주식, 부동산, 미술품 등 여러 자산시장에서 형성되었을 혹은 실제로 형성된 거품은 전 세계적으로 명품에 대한 수요를 증대시켰다.

그래서 나는 떼땅져Taittinger, 리치몬트Richemont, 레미 쿠앵트로Remy-Cointreau, 에실로Essilor를 포함한 일부 명품 브랜드 기업에 투자했다.

세계적 명품 샴페인, 떼땅져

나는 1980년대에 떼땅져 주식을 매수했다. 경영은 열악해 보였지만 자산이 풍부했기 때문이다. "자산은 매우 많은데, 이익은 매우 적은" 바로 그런 회사였다.

떼땅져는 파리 주재 미국 대사관 근처 콩코르드광장에 있는 크리용호텔Crillon을 포함한 유명하고 값비싼 여러 호텔들의 소유주였다. 이런 호텔은 대체 불가능한 자산이었고, 유명 샴페인사업도 소유하고 있었다.

샴페인은 사치품이지만, 명목금액 상 그리 비싼 가격은 아니다. BMW 한 대 가격으로 얼마나 많은 샴페인을 살 수 있을까? 아마 평생 마시고 남을 만큼 샴페인을 살 수 있을 것이다. 또한 샴페인 생산량은 프랑스 일정 지역에서 자라는 포도의 양에 따라 제한된다. 그리고 캘리포니아 스파클링 와인, 이탈리아 프로세코 와인Prosecco, 스페인 카바 와인Cava 등과의 경쟁도 있다. 그러나 샴페인 포도밭은 다소간 대체 불가능한 자산이다.

나는 떼땅져 주식이 이런 자산들의 (부채를 차감한 후의) 진정한 가치에서 상당히 할인된 가격에 거래되고 있다고 판단했다.

우리 펀드가 이 주식을 매수하고 얼마 후, 나는 역시

떼땅져에 투자한 행동주의 투자자 애셔 B. 에덜먼Asher B. Edelman의 전화를 받았다. 파리 금융인들은 우리 둘이 왜 굳이 떼땅져에 투자했는지 "가족이 회사 지배권을 가지고 있는데, 이 두 사람은 뭘 원하는 거지?" 하고 의아해하는 것 같았다. 애셔는 이에 대한 적절한 답을 가지고 있었다. "가족들이 단결하지 못하는 경우도 있다는 것을 프랑스 사람들은 모르는가?" 하는 것이었다. 그렇지만 애셔의 노력에도 불구하고 그와 우리의 지분은 떼땅져 가족을 물리치기에 충분하지 않았다. 그럼에도 애셔는 그의 지분을 유럽의 유명 금융인 알베르 프레르Albert Frère 남작에게 매우 좋은 가격에 매도할 수 있었다.

떼땅져는 2005년 결국 스타우드캐피털Starwood Capital에 매각되었는데, 그로부터 1년 후 떼땅져 가족은 매각한 사업 중 샴페인사업을 다시 인수했다.

내가 너무 일찍 매도하지 못하도록 막은 우리 회사 애널리스트 티보 피젠버그Thibaut Pizenberg의 훌륭한 분석 덕분에 우리 펀드는 매우 큰 이익을 낼 수 있었다.

최고급 시계·보석 브랜드, 리치몬트

리치몬트는 우리가 버핏 투자법으로 전환하는 계기가

된 투자 사례 중 하나다.

1980년대 말 우리는 펀드 인원을 확충하면서 남아프리카공화국의 한 가족이 지배하던 스위스 기업 리치몬트의 주식을 매수했다. 리치몬트의 명품 브랜드 중에는 1847년 파리에서 시작된 보석상 카르띠에Cartier, 1755년 제노바에서 시작된 시계제작사 바쉐론 콘스탄틴Vacheron Constantin 등이 있었다.

우리는 1988년 리치몬트가 룩셈부르크에서 기업공개(IPO)를 할 때 그 주식을 샀는데, 당시 투자자들의 반응은 그리 뜨겁지 않았다. 우리는 IPO 주식을 거의 매수하지 않는다. 대부분의 기업은 한창 사업이 잘되고 있을 때 IPO를 한다. 높은 밸류에이션을 받기 위해서다. 그리고 증권사들은 (또 '하룻밤 사이에 주식을 던져버리는' 투자자들은) IPO를 가지고 온갖 게임을 한다.

리치몬트는 내가 결코 팔지 말았어야 할 주식이었다. 리치몬트의 사업은 구매자들이 가격에 큰 관심을 두지 않는 그런 사업(명품 브랜드 사업)이다. 불행히도 우리 펀드가 이 주식을 보유한 지 몇 년 만에 비싸 보이는 수준까지 주가가 올랐고, 그래서 우리는 이 주식을 매도했다. 결과적으로, 실수였다.

프리미엄 코냑 제조사, 레미 쿠앵트로

여러 해 전 레미 쿠앵트로는 과도하게 높은 채무 수준과 환 헤지와 관련된 대규모 손실로 어려운 상황에 빠졌었다. 이로 인해 최고 경영진이 교체되었고, 지배가족의 일원인 헤리아드-듀브레일 부인Madame Dominique Heriard-Dubreuil이 신임 CEO로 취임했다. 취임 직후 그녀는 부채를 줄이기 위해 크루그샴페인Krug을 매각했고, 회사를 안정시키기 위한 다른 여러 조치들도 취했다.

자주 그렇지만, 투자자들의 반응은 느렸다. 레미 쿠앵트로가 겪은 최근의 어려움이 여전히 기억 속에 남아 있었던 것이다. 그러나 나는 기다리지 않고 매수하기로 했다.

지금 레미 쿠앵트로의 사업 대부분은 코냑사업이다(샴페인사업은 매각했다). 헤리아드-듀브레일 부인도 CEO에서 물러난 상태. 레미 쿠앵트로는 회사의 최고가 코냑인 루이 13세에 대한 중국인들의 엄청난 수요로 한동안 큰 혜택을 누렸다. 그러나 그 후 (아마도 부패와 관련되었을) 비싼 선물은 더 이상 예전의 인기를 누리지 못했다.

우리가 단기적으로 주식을 저점에 사서 고점에 파는 경우는 전혀 없었지만, 레미 쿠앵트로는 저렴한 가격에 사서 그 대부분을 꽤 좋은 가격에 매도할 수 있었다.

안경렌즈 분야 선도기업, 에실로

에실로는 교정 안경렌즈 분야의 글로벌 리더다. 에실로 안경렌즈는 선진국에서는 명품으로 간주되지 않지만 신흥국에서는 꽤 명품으로 여겨지고 있다.

에실로 안경렌즈는 가격이 상승하기는 했어도 그 품질로 유명하다. 이런 좋은 품질은 사람들이 시력을 보호하고 개선하기 위해서라면 더 비싼 값도 지불할 용의가 있다는 점을 고려할 때 중요한 요인이다.

많은 명품 브랜드 기업들과 달리, 에실로는 그 품질, 규모 그리고 세계시장의 37%를 점하고 있는 유통망 덕분에 대적할 경쟁자가 거의 없다. 사실 자금이 매우 풍부한 존슨앤드존슨이 몇 년 전 이 사업에 뛰어들려고 했지만 포기하고 말았다. 굳이 경쟁자를 꼽으라면, 일본 기업 호야 Hoya가 에실로보다 작기는 하지만 선전하고 있다. 이는 어떤 면에서 에실로 최고경영진을 긴장하게 만드는 긍정적인 요인이라 할 수 있다.

에실로가 성공한 이유 중 하나는 직원의 1/4이 회사 주식의 3%를 갖고 있다는 것이다. 신흥국에서의 판매가 회사 매출의 20% 이상을 차지하고 있으며, 인도와 중국의 중산층 확대와 맞물려 회사의 성장 잠재력이 상당하다.

나는 회사의 명품 브랜드를 신중하게 키우는 에르메스도 눈여겨보았지만, 항상 너무 비싸 보여 매수하지 않았다. 그러나 오늘날 에르메스는 지금까지 매우 높은 퀄리티를 유지하고 있는 아마도 유일한 명품 브랜드 상장기업 중 하나일 것이다. 문득 이런 생각이 든다. 미술품 수집가의 삶처럼, 투자자의 삶도 후회의 연속이다.

"자산 가치에 대한 정확한 파악이 우선이다"
뼈아픈 투자 실수로 얻은 교훈

내가 얻은 교훈은
자산의 가치를 가능한 정확히 아는 게 중요하다는 것이다.
해당 기업의 부채가 많을 때는 특히 더 그렇다.
따라서 부채가 너무 많으면서도 경기를 타는 기업에 대한 투자는
피하는 것이 최선이다.

1990년대 초 우리는 스위스 국적항공사인 스위스항공Swissair 주식을 매수하기 시작했다. 당시 약 200스위스프랑이던 주가는 추정 순자산가치에서 할인된 가격이었다. 스위스항공은 평균 연수 5년 미만의 현대적 항공기들과 뉴욕 파크 애비뉴를 포함해 서구 주요 도시에 스위소텔Swissotel 브랜드의 호텔들을 보유하고 있었다. 일본항공Japan Air Lines과 루프트한자Lufthansa처럼 스위스항공도 안전, 서비스, 시간 엄수, 좋은 기내식으로 명망이 있었다.

그런데 당시 스위스항공의 주가는 1990년에서 1992년까지 기록한 손실 때문에 매우 매력적으로 보이는 수준까지 하락했다. 나는 이 손실이 1990년 경기침체 같은 일회성 변수들(1990년 12월 1차 걸프전 이후 세계적인 여행 급감과 원유가 급등으로 인한 연료비 상승) 때문으로 판단했다.

취리히에 있던 두 항공사의 합병으로 1931년 설립된

스위스항공은 창설 당시부터 고급시장에 초점을 맞추고, 13대의 항공기와 64명의 직원으로 20개 도시를 운항하면서 연간 약 1만 명의 승객을 운송했다. 1990년대까지는 재무 상태도 건전해서 자기자본 대비 부채비율은 100% 이내였고, 부외부채 충당금으로 인해 재무제표상 장부가는 실제 장부가보다 낮은 상태였다. 그래서 '하늘을 나는 스위스은행the flying Swiss bank'이라는 별명을 가지고 있었다.

2001년 〈이코노미스트〉가 묘사한 1990년대까지의 스위스항공 모습은 이러했다. "재무적으로 안정적이었다. 여러 면에서 스위스의 축소판이었다. 요컨대 튼튼하고, 규율 있고, 성공적이었다. 유명한 스위스 군용 칼처럼, 스위스항공은 확실한 신뢰의 상징이었다."

'하늘을 나는 스위스은행' 스위스항공

1996년 스위스항공은 82억 스위스프랑의 매출액에 3억 4,400만 스위스프랑의 영업이익을 기록했고, 약 3만 6,000명의 직원이 근무했다. 자기자본은 21억 스위스프랑이고 부채는 97억 스위스프랑이었다. 1998년에는 매출액 113억 스위스프랑에, 영업이익은 7억 스위스프랑에 달했다. 주가도 1998년 중반에 500스위스프랑으로 고점을 찍었다. 그러나 부채와 다른 부채 의무들이 급증하면서 1998년 말에는 36억 스위스프랑의 자기자본 대비 부채가 112억 스위스프랑을 기록했다. 그럼에도 나는 이익이 감소할 경우 저평가된 자산이 주주들에게 보호수단을 제공해줄 것이라고 보고 이런 부채 부담을 간과했다.

1998년 6월에서 1999년 11월 사이에 스위스항공 경영진은 컨설팅회사 맥킨지McKinsey가 준비한 '프로젝트 헌터Project Hunter'라는 암호명의 사업 확장 전략을 추진했다. 이 전략은 스위스항공을 루프트한자, 영국항공British Airways, 에어프랑스Air France 다음가는 유럽 제4위의 항공사로 키우는 것을 목표로 했다.

당시 스위스항공그룹SAir Group으로 개명한 스위스항공은 LOT 폴란드항공LOT Polish Airlines 지분 38%, 오스트리아항공Austrian Airlines 지분 10%, 우크라이나국제항공Ukraine International Airways 지분 6% 등 여러 국적항공사들의 소수지분과 지역항공사, 전세기 및 화물기 업체들의 소수지분을 매수하는 데 41억 스위스프랑을 지출했다. 또 호텔 외에도 항공기 정비 및 수리, 항공기 지상 업무, 정보기술, 항공기 리스, 기내식, 공항면세점, 항공사진 분야까지 사업을 확장했다. 심지어는 농업 같은 사실상 관련 없는 분야에도 손을 댔다. 이 당시 우리는 스위스항공그룹의 터키 기내식 자회사 주식을 매수해 상당한 수익을 올리기도 했다.

약 260개 기업이 포함된 비핵심 사업 부문의 직원은 2000년 스위스항공그룹의 총직원 7만 9,000명의 약 50%를 차지했다. 그해 그룹의 핵심사업인 스위스항공은 161대의 항공기로 218개 도시를 운항하면서 연간 1억 9,000만 명의 승객을 운송했다.

스위스항공그룹의 재정 붕괴는 급속한 사업 확장만큼이나 빠르게 진행되었다. 2000년 중반 스위스항공의 주가는 300스위스프랑으로 하락했고, 그 후 또 급락해서 2001년 6월에는 100스위스프랑까지 떨어졌다.

2001년 1월에 핵심 경영진이 퇴출되면서, 스위스의 유명한 다국적기업 네슬레의 재무 담당자 마리오 코르티 Mario Corti가 CEO로 취임했다. 그해 4월 코르티는 스위스항공그룹이 2000회계연도에 162억 스위스프랑의 매출액에 29억 스위스프랑의 손실을 기록했다고 발표했다. 모기업인 스위스항공은 수익을 냈지만, 전체 그룹 차원의 손실 대부분은 그룹이 소수지분을 인수한 여러 항공사들에서 발생한 손실분을 그룹 손익에 연결한 때문이었다.

스위스항공그룹이 소수지분을 인수한 항공사들 중 벨

기에 사베나항공Sabena에서 발생한 손실분은 5,100만 스위스프랑이었지만, 한 지역항공사의 경우 2억 3,700만 스위스프랑의 손실을 기록했다. 게다가 한 전세항공사에서 발생한 손실만 무려 4억 9,800만 스위스프랑에 달했다. 그런데 이전 경영진은 이런 손실을 그룹 손익에 연결하지 않음으로써 투자자들에게 그 손실을 숨겼다.

스위스항공그룹은 이런 소수지분 투자에서 발생한 손실로 인한 추가 부채도 떠안을 수밖에 없었고, 그 결과 2000회계연도 그룹의 부채와 부채 의무는 자기자본 12억 스위스프랑 대비 191억 스위스프랑까지 치솟았다.

사업 인수 당시 기대했던 여러 항공사들과의 시너지 효과는 실현되지 못했다. 사베나항공의 경우, 생산성 향상을 위한 노동개혁을 밀어붙일 수 없었다. 벨기에 정부로부터 많은 지원을 받는 강력한 노조를 가진 국영항공사였기 때문이었다.

2001년 4월 코르티는 부채 중 최소 30억 스위스프랑을 상환하기 위해 자산을 매각한다고 발표했다. 또 그는 회사 이름을 스위스항공그룹에서 다시 스위스항공으로 바꾸고, 그룹 핵심 항공사인 스위스항공과 자회사들인 지역항공사 크로스항공Crossair, 기내식업체 게이트 고메Gate

Gourmet, 면세점 뉘앙스Nuance 등에 사업을 집중했다.

호텔사업은 매각했고, 정보기술사업도 독일의 국적항공사 루프트한자에 팔았다. 기타 소매-음식공급업은 영국의 콤파스그룹Compass Group에 넘기고 대신 기내식 사업을 받았다. 또한 코르티는 연간 운영비에서 2억 5,000만 스위스프랑을 절감하기 위해 인원 감축과 비용 삭감을 단행했다. 그리고 〈이코노미스트〉가 냉정하게 표현한 대로 맥킨지도 '해고'했다(일반적으로 나는 전직 혹은 현직 컨설턴트가 직접적으로든 간접적으로든 경영에 참여하는 기업에는 투자하지 않는 경향이 있다).

'부채가 많으면서 경기를 타는 기업', 경계하라!

1980년대 중반 유럽은 소규모 지역항공사를 제외하고 28개의 정규노선 항공사가 있었고, 항공여행시장의 규모가 더 큰 미국은 7개의 대형 정규노선 항공사가 있었다.

그런데 스위스항공이나 사베나항공 같은 중형 항공사가 가진 문제 중 하나는 시장주도자가 될 정도로 크지도 않고, 그렇다고 틈새시장에 맞을 정도로 작지도 않다는 것이었다. 그리고 스위스항공과 사베나항공이 가진 또 다른 문제는 강력한 노조가 있는 고임금 고비용 국가의 항공사라는 것이었다.

1992년 12월 스위스 국민들은 유럽경제지역협정 European Economic Area Treaty의 비준을 거부했다. 이로 인해 스위스는 모든 EU 회원국과 개별적으로 양자 항공협정을 다시 협상해야 했다. 이는 스위스항공의 EU시장 서비스 제공 능력을 크게 제한했다. 독일 항공사 KLM 및 다른 두 EU 항공사와의 제휴가 실패로 돌아간 후인 1994년 12월 스위스항공은 벨기에 사베나항공 지분 49.5%를 매수했다. 사베나항공은 지난 40년 동안 흑자를 기록한 해가 단 1년에 불과한 항공사였다.

스위스항공그룹이 지분을 매수했던 3개의 프랑스 지역 항공사들은 에어프랑스 Air France나 초고속열차(테제베)와 경쟁하지 못했고, 노조 역시 강했다. 그 후 스위스항공그룹이 브뤼셀을 유럽의 지역 교통허브로 만들려던 계획은 유럽지역 승객들이 직항노선을 계속 선호했기 때문에 실패로 돌아갔다. 코르티는 스위스항공과 프랑스 지역항공사들 간의 제휴를 종료했고, 이로써 이들을 지원하기 위해 지출하던 연간 약 10억 스위스프랑의 유출을 막았다.

2001년 6월 15일 스위스항공은 소수지분을 가진 적자기업인 프랑스 AOM-에어 리베르테 항공그룹 AOM-Air

Liberté이 파산을 신청했다고 발표했다. 그해 7월 사베나항공 지분을 보유하고 있던 스위스항공과 벨기에 정부는 재정문제를 겪고 있던 사베나항공에 추가로 4억 3,000만 유로(3억 6,600만 달러)를 투입하기로 합의했다. 그리고 이 합의를 통해 사베나항공에서 발생한 부채에 대한 스위스항공의 책임을 제한했다.

상황이 이러함에도 불구하고 9월 스위스항공 이사회는 이탈리아 국적항공사 알이탈리아Alitalia의 지분 50%를 매입하겠다는 경영진의 결정을 승인했다. 그런데 얼마 뒤 이사회는 다시 그 결정을 철회했다. 2001년 10월 스위스항공은 파산을 신청했다(실제 파산은 2002년). 이는 유럽 항공사로는 처음 있는 일이었다. 한 달 후 사베나항공도 파산을 신청했다. 그럼에도 사베나항공의 공식 웹사이트는 2001년 사베나항공의 파산은 스위스항공의 지분 매입 때문이라고 계속 주장하고 있다.

1999년 스위스항공이 우리 펀드에서 차지하는 비중은 0.1% 정도로 매우 적었다. 계속된 주가 하락으로 스위스항공 주식이 우리 펀드에서 차지하는 비중이 훨씬 적어진 2001년 중반, 나는 보유하고 있던 스위스항공 주식 전량을 약 80%의 손실을 보고 매도했다.

스위스항공의 파산 신청은 내 분석이 완전히 틀렸음을 보여준 것이었기 때문에 마음이 매우 쓰렸다. 또 나는 스위스와 독일 회사들이 보통은 보유 자산의 가치를 낮게 보고하는 보수적인 회계를 한다고 믿었지만, 스위스항공이 비연결 자회사들의 부채로 인해 발생한 추가 부채는 보고하지 않았다는 관련 뉴스를 듣고는 불안했다.

스위스항공에 대한 투자 실패에서 내가 얻은 교훈은, 순자산가치를 추산한 후 이를 시장가와 비교해 투자할 때는 자산 가치를 가능한 정확히 아는 게 중요하다는 것이다. 해당 기업의 부채가 많을 때는 특히 더 그렇다.

예컨대 자기자본 대비 부채비율이 1,000%일 경우에는 자산의 가치가 10%만 하락해도 자기자본 전액에 해당하는 돈이 사라지게 된다. 따라서 부채는 투자수익률을 제고할 수 있지만 동시에 파괴할 수도 있는 양날의 칼이다. 그러므로 부채가 너무 많으면서도 경기를 타는 기업에 대한 투자는 피하는 것이 최선이다.

항공사 전반은 일반적으로 좋은 장기 투자자산은 아니다. 이들은 경제학에서 말하는 이른바 '썩는 상품perishable item(항공권은 해당 비행기가 출발하고 나면 가치가 0이 되는 상품이다)'을 팔고 있으며, 자본 및 노동집약적이다. 그래서 오래된 항공사일수록 노조가 강하고, 퇴직연금 및 기타 퇴직 관련 비용도 높다.

또한 대부분의 국가는 국적항공사를 직접 보유하거나 보조금을 지급하고 있는데, 이런 국적항공사들은 수익성은 무시하면서 국가 위신이나 다른 이유 등으로 운송 능력을 확대하기도 한다. 항공산업 전반의 이런 과잉 운송 능력 때문에 기업과 부유한 여행가들을 대상으로 한 프리미엄 틈새시장에 종사하는 훨씬 작은 항공사들은 높은 프리미엄 가격을 부과하기가 어렵다.

스위스항공이 파산을 신청한 후 국가적 관심이 쏠리기 시작했다. 스위스항공의 세계 주요 도시 취항권, 일자리, 항공기 및 기타 자산들을 보호하기 위해 스위스 연방정부와 주정부, 그리고 UBS, 크레디트스위스, 주요 스위스 기업들이 포함된 민간 투자자들은 43억 스위스프랑을 투입해 2002년 3월 스위스국제항공Swiss International Air Lines을 새로 설립했다. 그러나 스위스국제항공도 썩 좋은 실적을 내지 못했고, 결국 2005년 독일의 루프트한자가 그 지배지분을 인수했다.

CHAPTER 10

보통주 투자 외에도 만날 수 있는
특별한 투자 기회들

전통적인 보통주 투자 외에도 금융시장에는
우선주, 지주사, 기업분할, 폐쇄형펀드, 하이일드채권 같은
특색 있는 투자 기회들이 있다.

우리 퍼스트 이글 펀드는 대개 보통주에 투자하고 있지만, 거의 모든 주식 뮤추얼펀드와는 달리 항상 꼭 전액 투자 상태를 유지하고 있는 것은 아니다. 우리는 일시적으로 현금을 보유하는 것을 주저하지 않는다. 물론 우리가 현금을 10%, 15%, 20% 혹은 그 이상 보유하기로 정해놓은 것은 아니다. 충분한 투자 기회를 찾으면 현금이 거의 없게 되고, 적절한 투자 기회를 찾지 못하면 현금이 쌓인다. 따라서 우리의 경우 정확히 말하면, 현금은 '투자하고 남은 돈'이 된다.

또한 우리는 지난 20년 동안 금을 화폐로 볼 여지도 두었다(3장을 참조해 주기 바란다).

우리는 사람들이 너무 몰리지 않는 구석을 찾는 데 늘 관심이 있었고, 그런 곳에 가치가 있는 경우가 많았다.

전통적인 보통주 투자 외에도 금융시장에는 우선주,

지주사, 기업분할spin-offs, 폐쇄형펀드, 하이일드채권 같은 특별한 투자 기회들이 있다.

우선주

미국의 우선주는 보통주와 채권(고정수입증권)의 성격이 섞여 있다. 배당금이 고정되어 있으며, 배당은 보통주보다 선순위다. 그러나 기업에 대한 물권은 어음이나 채권 그리고 당연히 뱅크론보다 후순위다.

그러나 미국 외 다른 지역의 우선주는 이와 꽤 다를 수 있다. 예를 들어 한국의 경우 우선주는 의결권이 없고, 배당은 보통주보다 높다. 그리고 지난 몇 십 년간 우선주를 1 : 1 비율로 보통주로 전환시키는 법이 통과될 것이란 소문이 있었다. 그러나 지금까지 아무런 일도 없었고, 보통주 대비 우선주의 할인율은 꽤 축소되었다. 한국 최대 기업인 삼성전자의 경우 그 할인율은 최근 거의 20% 수준이다. 그러나 중소기업은 이보다 할인율이 훨씬 크다. (프랑스에서도 마찬가지다. 이에 대해서는 1장에서 소개한 해외투자 사례와 〈부록 A〉를 참조하기 바란다.)

지주사

유럽 대륙 그리고 아시아를 포함한 그 외 여러 곳에는 지주사들이 많다. 종종 가족지배기업인 지주사들은 5~10개 정도로 제한된 수의 (많은 경우 주식시장 상장기업인) 기업들에 대규모 소수지분을 보유하고 있다.

그리고 이들 기업의 이사회에는 지주사 대리인들이 포함되는 것이 일반적이다. 지주사 본부에는 소수의 직원만 있으며, 지주사는 계열사의 일상 업무에는 아무런 역할도 하지 않는다.

지주사 경영진의 임무는 계열사의 전략에 영향을 미치고, 기존 지분을 고가에 매도할 기회 혹은 신규 지분을 매력적인 가격에 매수할 기회가 생기면 지분을 개편하는 것이다. 그런데 지주사가 이런 일을 장기적으로 잘 할 수 있다면, 그들의 주식이 할인된 가격에 거래될 이유는 전혀 없다.

그런데 역설적인 것은 약세장에서는 계열 상장사들의 주가가 싸져도 지주사 주가의 할인 폭은 더 커지는 반면, 강세장에서는 계열사들의 주가가 올라도 그 할인 폭은 축소된다는 것이다.

따라서 지주사 투자로 이익을 볼 수 있는 방법은 다음

두 가지다.

(1) 계열사들의 주가가 싸졌는데 지주사 주가의 할인폭은 더 확대되어 사실상 이중 할인이 발생한 약세장에서 지주사 주식을 매수하는 것이다.

(2) 장기적으로 지분을 성공적으로 개편했으며, 앞으로도 계속 그럴 것으로 보이는 지주사를 찾는 것이다(어려운 일이기는 하다).

같은 지주사지만 미국의 버크셔 해서웨이는 다소 다른데, 그것은 버크셔 해서웨이가 많은 기업을 100% 소유하고 있으며 상장증권 포트폴리오도 보유하고 있기 때문이다.

기업분할

이따금 한 기업이 사업 단순화를 목적으로 보유한 사업 중 하나를 주주들에게 주식으로 나눠주면서 이를 새 회사로 분리하는 경우가 있다.

과거에는 이런 기업분할에 별 관심이 없었다. 그래서 모기업 주주들은 분할된 새 기업의 주식을 받자마자 (포트폴리오에서 차지하는 비중이 매우 적을 것이기 때문에) 거의 즉각 이를 매도하곤 했다. 따라서 기업분할된 새 회사 주식을 싸게 매수할 수 있는 기회의 창이 잠시 동안 열리게 된다.

최근에는 기업분할 주식의 매도자들이 보다 신중해졌고, 잠재적 매수자들은 더 많아졌다. 하지만 예외는 있기 마련이다.

분할된 기업의 경영진이 독립적이면 이익이 개선되는 경우가 많고, 독립적이지 않으면 그 기업은 다른 기업에 인수될 수도 있다.

폐쇄형 펀드

예외도 있지만 적어도 미국에서의 규칙은 최초 상장(IPO) 시에는 절대 폐쇄형 펀드를 사지 말라는 것이다. IPO 시점에 매수할 때 수수료는 7~8%이고, 따라서 이때 100을 지불하고 폐쇄형 펀드 주식을 매수했다면 매수 즉시 주식 가치가 92~93이 되기 때문이다.

그런데 일단 상장되면 폐쇄형 펀드 주식은 시간이 가면서 가격이 크게 떨어질 수 있다. 그 펀드가 해당 시점에 매우 인기 없는 업종이나 국가에 초점을 맞추고 있다면 특히 그렇다.

그럴 경우 이 폐쇄형 펀드 주식은 이중 할인의 기회가

된다. 펀드 주식도 싸고, 그 펀드가 보유하고 있는 증권도 싸다(적어도 그 전보다는 싸다). 따라서 그 폐쇄형 펀드 운용진에 대한 확신 그리고 그 펀드가 초점을 맞추고 있는 업종이나 국가의 상황이 나아질 것이라는 확신이 있다면, 이중 할인된 폐쇄형 펀드 주식은 기회가 된다.

그러나 해외 폐쇄형 펀드(와 해외 지주사)의 경우는 미국 국세청에 의해 수동적 해외투자회사(PFICs)passive foreign investment companies로 간주되어 과중한 세금이 부과된다.

하이일드채권

우리는 기본적으로 주식, 현금(주식시장에서 충분한 기회를 발견하지 못했을 때), 그리고 '극단적인 결과'에 대비한 보호 장치로 금(혹은 금광회사 증권)을 보유하고 있다. 또한 우리는 수익률이 두 자리 수(즉 주식 같은 수익률)일 때는 하이일드채권에도 투자하는 교차투자자cross over investor가 되기도 한다(1990년, 2002년, 2008년에 그랬다).

우리가 한 주식의 내재가치를 40달러로 추산해서 25달러일 때 그 주식을 매수했다고 해보자. 그렇다 해도 우리는 그 주식이 과연 40달러까지 오를지 알 수 없고(우리가 추산한 내재가치가 틀렸을 수도 있다. 벤저민 그레이엄이 말한 것처럼, 미래는 불확실하다), 주가가 40달러까지 오른다 해도 그 시간이 얼마나 걸릴지 전혀 알지 못한다.

그런데 채권의 경우 재투자수익률reinvestment yield은 잠시 논외로 한다면(무이자채권zero-coupon bond을 사면 그럴 수 있다), 우리는 만기수익률을 (중도상환가능채권callable bond의 경우에는 중도상환수익률yield to call도) 알고 있다. 이런 만기수익률은 해당 기업이 파산하지 않는 한 우리가 얻게 될 수익률이다. 따라서 채권의 경우 투자수익률은 기계적인 것이며, 해당 기업이 꼭 번영하지 않더라도 생존하기만 하면 확보할 수 있다. 그리고 번영과 생존은 크게 다른 것이다.

생존을 보장할 수 있는 가장 좋은 경우는 부채를 상환할 현금흐름이 있는 경우다. 차선은 (일시적으로) 그런 현금흐름은 없지만 보유한 자산의 가치가 부채를 훨씬 초과하는 경우다. 이 경우 기업은 현금(유동성)은 부족하지만 파산하는 것은 아니다.

예를 들어 1990년 즈음에 미국 뉴스코퍼레이션News Corps이 여러 통화로 발행한 많은 채권의 가격이 크게 하락했다. 지배주주인 루퍼트 머독Rupert Murdoch이 부채를 차입해 기업을 인수했는데, 그동안 어려운 경제 환경으로 인해 회사 이익이 감소했기 때문이었다. 그러나 당시 우리 분석에 따르면 보수적으로 추산된 뉴스코퍼레이션의 보유자산 가치는 부채를 크게 초과했다. 다시 말해 뉴스코퍼레이션은 파산 상태가 아니었다.

우리는 매우 높은 수익률로(매우 낮은 가격으로) 뉴스코퍼레이션 채권들을 대량 매수했다. 그리고 얼마 후 뉴스코퍼레이션의 상황이 개선되고 채권도 가격을 회복했다. 내가 정말 똑똑했다면 뉴스코퍼레이션 채권만 살 게 아니라 조만간 급등하게 될 주식도 샀어야 했다.

생존을 보장할 수 있는 또 하나의 경우(사실 최악의 경우)는, 상환할 능력은 있지만 자진해서 상환할 마음은 없는 일부 국가의 국채다.

마지막으로, 뱅크론은 매매된 적은 없었지만 2008년 말 잠시 그런 적이 있었다. 뱅크론은 채권보다 선순위이며, 변동금리이기 때문에 금리 리스크가 없다. 그리고 (채권에도 적용되겠지만) 그 기업이 건전하다면 그리고 문제가 단지 부채가 너무 많은 것뿐이라면, 보유한 뱅크론(혹은 채권)을 주식으로 전환할 수 있다. 이런 주식 전환으로 부채가 감소하면 그 주식은 매력적인 것이 될 수 있다.

CHAPTER 11

나의 가치투자 여정

가치투자는 후천적으로 좋아하게 되는
그런 것이 아니다.
가치투자는 접하는 즉시 좋아하거나 싫어하거나 둘 중 하나다.
가치투자는 우리의 DNA 속에 있거나 없거나 둘 중 하나다.

학창 시절 나의 유일한 관심사 '증권분석'

나는 1940년 1월 23일 프랑스 중서부의 소도시 푸아티에Poitiers에서 태어났다. 부모님은 2차 세계대전 때 파리 남서부의 소도시 블루아Blois에서 대부분을 지내셨다. 그런데 두 분은 블루아에 폭격이 있을 것을 염려해 우리 세 형제를 푸아티에에서 멀지 않은 작은 시골마을에 있는 할아버지 댁에 보냈다.

독일의 프랑스 침공 후, 몇몇 독일군 장교들이 그 마을에 있던 종조부 앙리 할아버지의 대저택을 차지했던 것이 어렴풋이 기억난다. 앙리 할아버지는 고등교육이라고는 전혀 받은 적이 없었지만, 당시 민간회사인 철도회사에서 성공해 파리 최고의 철도역 중 하나였던 오스테를리츠역Gare d'Austerlitz의 역장이 되었고, 그 후 더 높은 자리까지 승진했다.

교육이나 출신배경 등에 관계없이 '능력 있는 사람에게 열린 자리'라는 원칙을 처음 도입한 사람은 다름 아닌 한 세기도 훨씬 전의 나폴레옹이었다. 당시 그는 여관주인의 아들로 30대에 불과한 미셸 네Michel Ney(나폴레옹이 총애한 군인-옮긴이)를 순전히 능력만 보고 프랑스군 원수로 임명했다.

아버지를 포함한 우리 집안 남자들 대부분은 19세기 말부터 프랑스철도에서 일했다. 2차 세계대전이 끝난 후 아버지는 전쟁 중 큰 피해를 입은 독일의 철도 시스템을 복구하기 위해 독일의 프랑스 점령지로 장기 출장을 갔고, 우리 가족도 함께 이주해 3년 동안 독일(마인츠Mainz와 슈파이어Speyer)에서 살았다.

1949년 프랑스로 돌아온 우리 가족은 한동안 루아르Loire 계곡지대의 주도 투르Tours에서 살았다. 나는 이곳에서 가톨릭 학교를 다녔고, 이후 리세 데카르트Lycee Descartes(리세Lycee : 한국의 중등교육과정에 해당하는 기관-옮긴이)에서 공부했다.

프랑스에는 대도시가 파리 하나뿐이다. 그래서 많은 프랑스 사람들이 삶의 어떤 한 시점에는 결국 파리로 가게 된다. 내가 10대 중반일 때 우리 가족도 그랬다. 나는 파리의 리세 앙리 4세Lycee Henri IV에서 1차 및 2차 대학입학자격시험(바칼로레아Baccalaureate)을 치렀고, 그 후에는 파리경영대학(HEC)École des Hautes Études Commerciales 입시를 위해 리세 루이르그랑Lycee Louis-Le-Grand으로 전학을 갔다.

나는 1958년 처음 치른 HEC 입학시험에 떨어졌고, 재수 끝에 HEC에 들어갈 수 있었다. 그때는 1,200명 가량의 남학생이 시험에 응시했는데 (지금 HEC는 남녀공학이 되었다) 입학정원은 200여 명에 불과했다. 당시 HEC는 성적만으로 학생들을 뽑았다. 특례입학이나 자기소개서 및 입학사정관제도 같은 것은 전혀 없었다.

HEC는 들어가기 무척 힘든 곳이었지만, 일단 입학하기만 하면 졸업은 거의 확실했다. 상위 25등 안에 들기 위해 열심히 공부한 사람은 소수였고, 나를 포함한 나머지 동기생들은 거의 놀다시피 했다. 나는 브리지게임을 했고, 3년 만에 1,000편에 달하는 영화를 봤으며, 많은 책을 읽었다. 내게는 증권분석을 제외한 다른 대부분의 강의가 재미없었다(나는 이 강의를 통해 재무상태표 보는 법을 제대로 배울 수 있었다).

50년 전 내가 졸업한 이후 HEC는 좋은 쪽으로 많이 변했다. 지금 HEC는 국제적인 명문이 되었지만, 내가 다닐

때는 아니었다. 학교 별명이 '잡화상epiciers(속물을 뜻하는 경멸조의 프랑스어)'이었다. 그래서 동기생 중 일부는 학부 과정을 마친 후 미국 대학에서 MBA를 따거나, 고급공무원과 국영기업 경영진을 양성하기 위한 프랑스 국립행정학교(ENA)École Nationale d'Administration에 진학해 필요한 학위를 땄다.

내가 경영대학을 선택한 것은 2차 세계대전 전에 자동차회사 시트로엥Citroen의 설계사로 일했던 종조부 피에르 할아버지로부터 경영에 대한 영향을 받은 때문인지도 모르겠다. 피에르 할아버지는 시트로엥이 파리 센 강변에 광대한 그리고 결국에는 매우 가치 있는 것으로 밝혀질 토지를 보유하고 있다는 이유로 이 회사 주식에 투자해 성공한 바 있었다. 일종의 그레이엄 스타일의 투자였다.

피에르 할아버지는 유명한 사진 및 삽화 잡지 〈릴뤼스트라시옹L'illustration〉에 드로잉화를 팔기도 했다. 또 2차 세계대전 중에는 식료품점과 바를 소유하고 있었다. 처음에는 독일 점령군을 상대로 돈을 벌었고, 나중에는 연합군을 상대로 돈을 벌었다. 할아버지는 결혼한 부인을 가족들이 인정하지 않았음에도 이에 별로 개의치 않은 자유로운 영혼의 소유자였다. 나중에 가족들은 결국 할아버지의 뜻을 받아들이게 되었다.

HEC 학생들은 3학년 여름 한 달은 인턴을 해야 했다. 나는 3학년 때(일반적으로 프랑스 대학의 학사과정은 3년이다—옮긴이) 〈비즈니스위크 Business Week〉와 〈배런스 Barron's〉를 섞어놓은 것 같은 주간지 〈라 비 프랑세즈 La Vie Française〉에서 인턴을 했고, 이곳에서 여러 언론인과 대화를 나누면서 투자에 대한 관심을 키우게 되었다.

이 인턴과정은 HEC에서 내가 유일하게 관심을 가졌던 증권분석 수업을 훌륭하게 마무리해주었다. 그래서 1962년 졸업을 하면서 나는 프랑스 주요 은행 중 하나인 소시에테 제네랄에 증권애널리스트로 지원해 합격했다(프랑스 은행들은 전통적인 상업은행업과 증권업을 함께 하고 있었다).

그때 내 연봉은 썩 좋은 수준은 아니었다. 첫 달 월급은 620프랑, 미화로 약 100달러였다. 물론 50년 전 금액이고, 그 후 화폐 가치가 계속 하락했기 때문에 지금의 100달러보다는 훨씬 많은 금액이다.

화폐의 가치 하락에 대해 잠시 말하자면, 2010년 〈뉴욕타임스〉가 관련 기사를 하나 실은 적이 있다. 1970년대 후반 워런 버핏이 열렬한 독서광이라는 사실을 알게 된 이후 나도 따라서 많은 글과 책을 읽었다. 당시 나는 독서가 워런 버핏에게 도움이 되었다면 워런 버핏만큼 현명하지 않은 나에게도 당연히 도움이 될 것이라고 생각했고, 사실 그랬다.

그때 읽은 〈뉴욕타임스〉 기사는 직업이 이발사인 99세 노인에 대한 것이었다. 이 노인은 99세의 나이에도 매주 한두 번 이발소에 나가 남자들의 머리를 깎았다. 14세에 일을 시작해 무려 85년을 이발사로 일한 노인이었다. 우리 중 과연 얼마나 많은 사람이 85년 동안, 그것도 한 가지 일만 할 수 있을까? 그 기사에 따르면, 이 노인이 1925년 처음 일을 시작할 때는 한 명당 25센트를 받았고 2010년에는 12달러를 받는다고 했다(이것 말고는 이발사 노인과 기자의 다른 어떤 추가적인 말은 없었다. 그리고 참고로 이 노인의 이발소는 뉴욕 퀸즈에 있고, 맨해튼의 이발비는 이보다 비쌌다).

여기서 이 노인이 1925년에 25센트로 주식 투자를 해야 했다고 말하는 사람도 있을 것이다. 그러나 이 사례에서 말하고자 하는 요지는, '85년 동안 화폐의 가치가 하락했기 때문에' 그 25센트로는 지금 거의 아무것도 살 수 없고 이발은 분명 할 수 없는 돈이라는 것이다. 그리고 이 노인은 미국 연방준비은행이 설립되고 불과 12년 후에 일을 시작했다는 것을 알아둘 필요가 있다. 프랑스 프랑화에 대해 찰스 드골이 말한 것처럼 "오래된 프랑화는 우리 역사의 부침에 맞춰 빈번히 그 가치가 훼손되었다".

'숫자'의 중요성을 배우다

1962년 9월 1일 소시에테 제네랄에 첫 출근했을 때, 나는 자산고객관리부 부부장 클로드 에샤비드르$^{Claude\ Echavidre}$와 같은 사무실을 쓰게 되었다.

클로드는 자신이 쓴 시들을 묶은 시집도 출간했는데, 어떤 면에서 그의 진정한 삶은 오후 늦게 퇴근한 후에 시작되었다. 그럼에도 나는 클로드로부터 많은 것을 배웠다. 특히 '숫자'의 중요성을 배웠다. 나는 운이 좋은 사람이다.

프랑스에서 투자라는 것이 주식중개인의 조언이나 때로는 내부정보를 통해 이루어지던 시기에, 클로드는 산업별로 각 기업을 대상으로 최소 지난 5년의 매출액, 현금흐름, 이익, 배당금, 재무 상태 등과 관련된 수치들 그리고 주요 주주들을 정리한 비교분석표를 개발했다.

그는 숫자가 중요하며, 따라서 이런 숫자들을 꼼꼼히 분석해야 한다고 주장했다. 나는 이런 가르침을 결코 잊지 않았다.

가치투자자들에게 투자는 공개된 정보를 분석하는 것

으로 시작된다(그리고 때로는 그것으로 끝나기도 한다). 그리고 어떤 기업에 대한 분석 결과가 만족스럽지 않으면, 가치투자자들은 그 분석 자료는 쓰레기통에 버리고 다른 기업을 찾는다.

클로드는 시장심리에도 관심을 가져서, 이미 상승한 주식들을 때로는 상당량 매수하는 경향도 있었다. 그는 어느 정도는 '모멘텀 투자자'였던 셈이다. 나는 그의 이런 측면에는 매력을 느끼지 못했지만, 누구에게든 이런 배움이야말로 사회생활을 시작하는 데 중요한 열쇠가 된다.

사람이 뭔가를 계속 배우는 한, 돈은 크게 중요하지 않다. 이런 배움을 통해 나도 꽤 빠르게 부유한 개인자산가 고객들의 포트폴리오를 자유재량으로 운용하게 되었다.

그러던 1967년 가을, 소시에테 제네랄은 나에게 뉴욕지점 부대표 자리를 제안했다.

1930년대 말 똑똑한 한 임원이 독일의 침공을 미리 예측하고 최고경영진을 설득해 대규모 자금을 조심스럽게 뉴욕으로 보냈다. 덕분에 2차 세계대전이 끝났을 때 소시에테 제네랄은 월스트리트에 지점 하나를 두고 뉴욕에 상업은행업 기반을 마련해 둘 수 있었다.

특히 이 뉴욕지점은 프랑스 회사 빅 펜^{Bic Pen}이 미국 필기구 시장에 성공적으로 진출할 수 있도록 자금을 공급해주었다. 당시 뉴욕지점장은 이런 도움에도 불구하고 빅펜의 지배주주가 크게 고마움을 표하지 않았다고 불평했었다. 그런데 당시 성공한 사업가들이 그런 일에 고마워하는 경우는 거의 없었다.

뉴욕에서 만난 '그레이엄 투자법'

1968년 1월 뉴욕에 도착하자마자 프랑스인 지인이 비워준 맨해튼 웨스트 빌리지의 원룸으로 이사했다. 1960년대 말 웨스트 빌리지는 대단한 곳이었고, 내 눈에는 그곳 사람들이 모두 히피나 사회주의자로 보였다. 나는 히피도 사회주의자도 아닌 사람으로 뉴욕에 왔고, 그렇게 살았다.

두어 달이 지난 후에도 웨스트 빌리지에서 내가 아는 사람은 한 명도 없었고, 읽는 영어와 말하는 영어가 다르다는 사실을 절감했다. 그래서 중고 흑백TV를 한 대 사서 저녁에 여러 프로그램, 특히 〈딘 마틴쇼Dean Martin Show〉를 보았다. 그러다 컬럼비아대 경영대학원생이던 두 프랑스 남자를 알게 되어 주말이면 그들과 센트럴파크에서 함께 자전거를 탔다. 그들의 관심사는 마케팅이었지만, 내 관심사가 투자라는 것을 알고는 벤저민 그레이엄에 대해 알

려줬다.

벤저민 그레이엄은 1965년까지 컬럼비아대 경영대학원에서 학생들을 가르쳤던 가치투자학파의 창시자였다. 나는 당장 벤저민 그레이엄의 『현명한 투자자』와 『증권분석』을 샀고, 특히 『현명한 투자자』를 읽으며 깊은 인상을 받았다. 어떤 면에서는 교화를 받아서 내가 직업적으로 찾고 있던 것을 마침내 발견한 것 같았다.

유명한 프랑스 작가 폴 클로델Paul Claudel도 이와 비슷하게 그러나 보다 고상한 방식으로 교화를 받은 사람이다. 무신론자였던 폴 클로델은 어느 날 샤르트르 지역에 갔다가 그곳의 대성당을 방문하게 되었다. 어떤 사람은 유럽에서 가장 아름답다고 말하는 성당이다. 폴은 그 대성당의 한 기둥 옆에 서 있다가 신앙의 빛을 받았으며, 그 후 여생을 독실한 가톨릭 신자로 살았다고 했다.

그러나 가치투자로 돌아가 말하자면, 가치투자는 이런 식으로 후천적으로 좋아하게 되는 그런 것이 아니다. 가치투자는 접하는 즉시 좋아하거나 싫어하거나 둘 중 하나다. 가치투자는 우리의 DNA 속에 있거나 없거나 둘 중 하나다.

그레이엄의 투자법에 대해서는 앞에서도 여러 번 언급했지만, 내게 특히 매력적이었던 것은 가치와 가격을 구분해 이를 비교하는 그의 기본적인 시각이었다. 그레이엄은 단기적으로 주식시장은 매매자들이 시장심리에 기초해 증권의 매수와 매도라는 방식으로 투표한 것을 집계하는 '개표기'와 같지만, 장기적으로는 한 기업의 좋거나 나쁜 현실을 측정하며 그런 현실이 궁극적으로 주가에 반영되는 '체중계'와 같은 것이라고 했다. 여기서 가치투자자들은 '체중계' 쪽에 있기를 원한다.

그러나 소시에테 제네랄 파리 본사는 가치투자에 전혀 관심이 없었다. 이들의 전략은 시장심리에 기초해 대형주들을 부단히 매매하는 것이었다. 1970년에 프랑스의 한 경쟁 은행이 뉴욕에 증권사를 설립했기 때문에 소시에테 제네랄도 똑같이 해야 한다고 생각했다(은행가들은 양처럼 남이 해야 따라 한다). 그래서 소시에테 제네랄은 소젠 인터내셔널 펀드Sogen International Fund라는 이름의 펀드를 출범시켰다.

이 펀드는 미국 증권거래위원회(SEC)에 등록했는데, 그 이유는 버나드 콘필드Bernard Cornfield가 연루된 IOSInvestors Overseas Services 스캔들로 인해 당시 역외펀드들의 평판이 좋지 않았기 때문이었다(IOS : 제네바에 본부를 두고 캐나다에 펀드를 두는 형식으로 미국 밖에 설립된 역외 금융사—옮긴이). 버나드 콘필드의 펀드 판매직원들은 유럽에서, 특히 독일 주둔 미군에게 IOS 펀드들을 공격적으로 판매했는데, 수수료가 매우 비쌌다. 그 결과 펀드의 실적은 매우 열악했다.

나는 소젠 인터내셔널 펀드를 위해 다소의 증권분석을 했지만 아무도 관심이 없는 것 같았고, 나 자신도 포트폴리오 운용에 아무런 책임이 없었다. 이 펀드는 계약자문사인 스미스 바니Smith Barney가 사실상 운용했는데, 스미스 바니는 가치투자를 하는 회사가 전혀 아니었다.

그런데 나는 뉴욕에서 벤저민 그레이엄뿐만 아니라 장차 나의 반려자가 될 베티도 발견했다. 1969년 우리는 각자 알고 지내던 한 친구가 개최한 저녁 파티에서 처음 만났다. 파티 개최자인 이 친구는 뉴욕의 다른 프랑스 은행에서 일하고 있었기 때문에 나와 자연스럽게 알고 지냈고, 베티의 경우는 제네바에서 사회초년생으로 있을 때 알게 된 몇 명의 프랑스어권 국가 출신 친구 중 하나가 이 친구였다.

베티와 나는 1972년에 결혼했다. 베티는 하버드대 경영대학원을 졸업한 후 리먼 브라더스Lehman Brothers에 취직했고, 나이가 든 후에는 4년 동안 모교 스미스칼리지

Smith College 이사회 의장을 하기도 했다. 지금 베티는 뉴욕 메트로폴리탄 오페라Metropolitan Opera와 프릭 컬렉션Frick Collection의 이사로 있다.

파리로 돌아오다

1974년 말 본사에서 파리로 돌아와 펀드를 하나 맡으라는 제안을 했다. 파리로 돌아온 나는 가치투자자라고는 한 명도 없는 투자위원회에 펀드 운용 상황을 보고해야 했다. 내가 할 수 있는 일은 했지만, 재량으로 할 수 있는 게 그리 많지 않았다. 그 펀드의 규모는 2억 달러 수준이었다(물론 당시 2억 달러는 지금의 2억 달러보다 훨씬 큰 금액이었다).

나는 1973~1974년에 진행된 약세장이 끝난 후인 1975년에 저렴한 몇 개의 소형주를 제안했지만 아무도 관심을 보이지 않았다. 투자위원회는 자신들이 알만한 기업들을 원했다. 더욱 중요한 사실은 이들이 벤저민 그레이엄에 대해서는 전혀 들어본 적이 없었고, 따라서 가치투자는 파리에서 통용되는 방식이 아니었다는 것이다. 이들에게 가치투자는 "프랑스에서 처음 만들어진 것이 아니었다".

돌이켜 보면 직장생활 처음 15년은 시간을 낭비한 시

기였다. 처음 5년은 어떻게 투자해야 할지 몰랐고, 그 다음 10년은 벤저민 그레이엄의 가치투자법을 알면서도 사용할 수가 없었다.

다시 뉴욕, '버핏 투자법'을 만나다

1978년 말 내 불평에 질렸는지, 본사는 내게 다시 뉴욕으로 돌아가 설립된 지 거의 10년이 지났지만 자산은 1,500만 달러에 불과한 소젠 인터내셔널 펀드를 운용하라고 했다. 이 펀드는 미국 증권거래위원회에 등록되었기 때문에 미국에서는 판매할 수 있었지만, 프랑스 펀드가 아니었기 때문에 프랑스에서는 판매할 수 없었다. 물론 고객들이 프랑스에 있는 소시에테 제네랄 지점에 와서 이 펀드를 살 수는 있었다. 그러나 그렇게 하는 사람은 당연히 거의 없었다.

또한 이 펀드는 미국에서도 뉴욕 주에만 등록되어 있었다. 그리고 어쨌든 미국에서 소시에테 제네랄을 자금운용사로 아는 사람은 극히 드물었고, 나에 대해 아는 사람은 이보다도 훨씬 적었다.

그해에 우연히도 골드만삭스에서 일하던 리 쿠퍼먼Lee Cooperman 의 짤막한 글을 접하게 되었다. 리 쿠퍼먼은 버크서 해서웨이 연차보고서에 실린 주주 서한에서 워런 버핏이 밝힌 사업과 투자 통찰을 높이 평가하고 있었다. 나는 즉시 버크서 해서웨이의 지난 10년 연차보고서들을 구해 큰 관심을 갖고 버핏의 서한들을 읽기 시작했다.

워런 버핏의 투자법도 가치투자였다. 그런데 벤저민 그레이엄과는 다소 다른 각도를 가진 가치투자였다. 나는 특히 어떤 일련의 기업들은 다른 기업들보다 '그냥' 더 좋다는 통찰(버핏 자신도 인정한 바와 같이 찰리 멍거가 처음 제공한 통찰)에 흥미를 느꼈다.

버핏은 여기에 대해 분명하게 밝혔는데, 그것은 의심스러운questionable 기업을 편안한comfortable 가격에 소유하기보다는 의심스러운 가격이라도 편안한 기업을 소유하겠다는 것이었다. 늘 그렇듯 버핏은 논점을 분명히 하기 위해 과장된 표현을 썼다. 그럼에도 1976년에 사망한 벤저민 그레이엄이 이 말을 들었다면 깜짝 놀라 무덤에서 뛰쳐나왔을 게 분명하다.

1979년에서 1986년까지 나는 소젠 인터내셔널 펀드에서 혼자 일했다. 운 좋게도 1970년대 당시는 10년 동안 진행되던 힘든 투자 시기가 끝난 뒤라 미국과 그 외 지역 시장에 (특히 소형주들 가운데) 그레이엄 스타일의 주식들이 넘쳐났다. 나는 이런 주식들에 초점을 맞췄다. 한 개의 은행을 지배하면서 플로리다의 오렌지 농장을 포함한 여러 부동산을 보유하고 있던 아티코 파이낸셜Atico Financial이 그런 주식이었다.

대형주 중에서는 1970년에 여러 철도회사들이 합병해 설립한 벌링턴 노던 같은 주식이 있었다. 벌링턴 노던은 1995년 산타페Santa Fe와 합병한 후 벌링턴 노던 산타페가 되었다. 그리고 2010년 워런 버핏의 버크셔 해서웨이가 이 회사를 인수했다. 그보다 앞서 1988년에 벌링턴 노던은 비철도 부문 자산의 대부분을 벌링턴 리소스라는 회사로 분사시켰다. 이듬해인 1989년에 벌링턴 리소스는 삼림지사업 부문을 다시 플럼 크리크 팀버Plum Creek Timber라는 회사로 분사시켰다. 벌링턴 노던과 분사된 회사들은 모두 훌륭한 투자자산으로 밝혀졌다.

그 외 우리의 미국 내 초기 투자자산들로는 에너지서비스회사인 엔테라Enterra, 목재용 삼림 소유사 롱뷰 파이버Longview Fiber와 탤벗Talbot, 철도차량 리스회사 GATX, 청소장비 판매사 테넌트Tennant 그리고 로열티를 받는 음악 저작권 소유사 밀스 뮤직 트러스트Mills Music Trust 등이 있었다.

미국 외 투자자산으로는 석유가스 및 광산 자산, 호텔,

통신, 트럭, 항공 등의 사업을 소유한 철도회사 기반의 기업집단 캐나디안 퍼시픽Canadian Pacific(미국의 벌링턴 노던과 비슷한 기업이다), 샴페인 제조사 **떼땅져**Taittinger, 말레이시아 카지노 운영사 겐팅Genting 그리고 노스 유러피언 오일 로열티 트러스트North European Oil Royalty Trust 등이 있었다.

유능하고 소중한 나의 동료들

지금의 퍼스트 이글 글로벌 펀드가 된 소젠 인터내셔널 펀드의 출발은 좋았다. 1979년에서 1983년까지 5년 동안 MSCI 선진국지수MSCI World Index가 78% 상승하는 동안 소젠 인터내셔널 펀드는 188%나 상승했다. 이후 펀드의 인력을 확충한 뒤 (1986년 엘리자베스 토빈Elizabeth Tobin을 애널리스트로 채용했고, 1987년에는 샤를 드보를, 1993년에는 이 책의 출간을 제안하고 저술을 도와준 이그나티우스 치덜른을 채용했다) 우리는 다소 두렵기는 했지만 그레이엄 투자법에서 워런 버핏 투자법 쪽으로 좀 더 옮겨갔다.

나는 내가 워런 버핏만큼 현명하다고는 결코 생각하지 않았다. 그래서 도움을 받기 위해 우수한 인력을 채용했다. 엘리자베스는 소시에테 제네랄에서 함께 근무했던 내 동료의 부하직원으로 있었다. 이 동료는 부동산 투자자로 활동하기 위해 회사를 나가면서 내게 엘리자베스를 강력히 추천해 주었는데, 그가 옳았다. 샤를은 몇 개월 동안 내 인턴으로 있었으며, 그 뒤 뉴욕 소시에테 제네럴에서 증권분석을 위한 좋은 준비과정이라 할 수 있는 신용분석가credit analyst로 일했다. 인턴으로 있을 당시 샤를은 내가 하는 일에 다른 인턴들보다 훨씬 큰 관심을 보였다. 이그나티우스는 몇 년간 〈포브스〉 기자로 일했는데, 특히 탐사보도 스타일의 언론은 증권분석과 비슷한 점이 많았다.

소젠 인터내셔널 펀드는 1980년대 중반의 여러 해 동안 〈비즈니스위크〉가 선정하는 그해 최고의 뮤추얼펀드에 연속 선정되었다. 또한 1984년에 펀드평가사로 출발한 모닝스타Morningstar는 (현재 모닝스타는 이보다 훨씬 많은 일을 한다) 설립 직후부터 우리 펀드에 긍정적인 평가보고서들을 냈다.

이 보고서들 중 일부는 압헤이 데쉬판드Abhay Deshpande가 작성했다. 켄터키 주의 한 증권사에서 사회생활을 시작한 압헤이는 모닝스타로 이직했다가 시카고의 오크마크Oakmark에서 근무한 후, 세기 전환기에 우리 퍼스트 이글 펀드에 합류해 처음에는 애널리스트로 나중에는 포트폴리오 매니저로 일했다. 압헤이는 2014년 퍼스트 이글을 떠났다.

한편 모닝스타는 그들이 주최하는 여러 컨퍼런스에 나를 연사로 초청하기도 했다. 모닝스타는 지금도 그렇지만 그때도 많은 금융기관에 큰 영향력을 갖고 있었다. 그리고 1990년대 말 3년 동안 우리가 시장에 뒤처졌을 때 모닝스타는 그 이유를 가치투자가 일시적으로 (실제로는 꽤 오래였다) 인기를 잃은 때문이라고 하면서 우리에게 매우 관대했다. (그런데 그렇지 않은 사람들도 있어서, 결국 나는 '바보 명단'에 이름을 올리게 되었다.)

모닝스타의 도움은 우리가 작은 펀드였을 때나 훨씬 뒤 우리가 시장에 뒤처졌을 때나 모두 매우 값진 것이었다. 모닝스타가 우리를 지지해 주고 나중에는 우리를 인내해 준 것이 결국은 모두 옳은 것으로 밝혀지게 되어 매우 기쁜 마음이다.

엘리자베스와 샤를을 애널리스트로 고용했지만, 도매영업인 혹은 법인영업인이라고 불리는 세일즈맨도 필요했다. 예외가 있기는 하지만 펀드의 진정한 고객은 자신의 개인고객(소매고객)을 가지고 있는 금융자문사$^{financial\ advisor}$(도매고객)이기 때문이다. 세일즈맨을 고용하기 위해 파리 본사를 설득하는 것은 매우 어려운 일이었다.

그러던 중 은행의 관료주의적 성격을 나보다 잘 알고 있던 한 동료가 미국인 컨설턴트의 도움을 받아 도매영업인을 고용해야 한다는 15페이지짜리 보고서를 쓰라고 조언해주었다. 나는 그의 조언에 따랐다. 나를 도와 그 보고서를 쓴 컨설턴트가 바로 로버트 워즈워스Robert Wadsworth였다. 1987년 마침내 본사는 수년 동안 미국 전역을 자신의 영업망으로 갖고 있던 에드 올센의 고용을 승인해주었다. 에드는 우리 펀드의 발전에 큰 기여를 한 후 몇 년 전 은퇴했다.

그는 훌륭한 판단력을 갖고 있었다. 그는 메릴린치 같은 대형 회사는 우리 같은 작은 펀드를 판매하는 일에 전혀 관심이 없다는 사실을 빠르게 파악했다. 당시 주요 증권사들은 어쨌든 자사 펀드를 판매하려고 했다.

에드는 일부 주식중개인들이 대형 회사를 나와 혼자 혹은 소수의 파트너들과 함께 자산관리회사를 세우고 있다는 점을 알아차렸다. 이들은 고객의 돈을 어떤 뮤추얼 펀드에 투자할지 독자적으로 결정하기를 좋아했다. 따라서 이들은 우리 같은 소규모 펀드를 살펴보는 경향이 많았고, 일부는 자산관리사들 가운데 명민한 투자자로 명성을 쌓기도 했다.

에드 올센은 내가 좋은 기분을 유지하도록 특별히 신경을 써주었다. 한 번은 플로리다에서 한 자산관리사의 개인고객들을 대상으로 강연을 한 적이 있었다. 그런데 강연을 시작한 지 몇 분도 되지 않아 몇몇이 잠이 든 것 같았고, 그 후에는 더 많은 사람이 잠이 든 것 같았다. 나는 서둘러 강연을 마치고 에드에게 강연을 처음부터 다시 해야겠다고 했다. 청중을 재웠기 때문이었다. 내 말을 들은 에드는 잠시 생각하더니 이렇게 나를 다독여주었다.

"첫째, 우리는 지금 플로리다에 있어요. 이곳은 아주 따뜻하고 청중들은 나이가 지긋한 분들이지요. 둘째, 이분들은 그저 눈을 감고 모리스 슈발리에Maurice Chevalier(프랑스의 가수 겸 배우)의 노래를 듣고 있다고 생각한 거예요."

우리 펀드가 1,500만 달러에서 1987년 1억 달러 펀드로 성장하기까지 거의 9년이 걸렸다. 10월 블랙먼데이 주가 폭락이 있던 1987년에 우리 펀드는 13.8%의 수익을 냈고, 약세장이던 1990년에는 MSCI 선진국지수가 17% 하락하는 동안 우리 펀드는 1.2% 하락하는 데 그쳤다.

1992년 금융서비스기업 찰스 슈와브Charles Schwab는 독립 자산관리사들이 업무를 수행할 수 있는 사업 플랫폼을 제공했다. 이로 인해 더 많은 금융자문가들이 대형 증권사를 떠나 독자적인 업체를 세웠다. 또한 찰스 슈와브를 이용할 경우 고객들은 판매수수료를 지불하지 않고 일반적으로 자산의 1%인 연간수수료만 지불하면 되었다. 우리 펀드는 찰스 슈와브 플랫폼을 통해 선취판매수수료가 없는 노로드펀드no load fund로 제공되었다. 이로 인해 우리 펀드는 1993년에 10억 달러 규모로 급성장했다.

그해 가을 우리는 미국 밖 해외시장에 투자하는 오버시스 펀드와 금에 투자하는 골드 펀드를 출범시켰다. 그런데 결과적으로 골드 펀드는 7년이나 너무 일찍 출범시킨 셈이 되었다. 그리고 4년 후인 1997년 우리의 총운용자산은 65억 달러로 불어났다.

비합리적이면 투자하지 않는다

1990년대 후반 내가 비합리적이라고 판단한 까닭에 TMT (기술, 미디어, 통신) 열풍에 동참하지 않으면서 우리에게도 고난의 시기가 찾아왔다.

가치투자는 장기적으로 효과를 내는 것이다. 현재 우리는 총 900억 달러에 달하는 자산을 운용하고 있다. 우리는 펀드 주주들은 물론 우리 사업에도 장기적으로 최선의 이익이 되도록 자산을 운용했다.

물론 단기적으로는 그렇지 못했는데, 1990년대 말에 우리를 떠났던 투자자들의 경우는 바로 그게 문제였다. 우리 투자팀과 판매영업팀은 우리가 벤치마크 지수와 경쟁 펀드들을 단기적으로 이기려는 펀드가 아니기 때문에 가끔은 뒤처질 수밖에 없다는 점을 고객과 잠재고객들에게 항상 밝혔다.

나는 주주들의 돈 반을 잃는 것보다는 차라리 주주들 반을 잃는 편을 택하겠다고 항상 말해왔다. 1990년대 말 TMT 열풍에 동참하지 않았을 때 우리는 실제로 주주들의 반 이상을 잃었고, 그래서 주주들의 반 이상이 바뀌었다. 그러나 추세가 바뀌고 TMT 거품이 꺼졌을 때, 거품에 뛰어들었던 다른 투자자들과 달리 우리 주주들이 돈의 반을 잃는 일은 없었다.

한편 현재 우리의 운용자산이 900억 달러에 육박하게 된 데는 다음과 같은 배경이 있었다. 1990년대 상대 실적에 초점을 맞췄던 일부 기관 및 개인투자자들은 2009~2010년에 와서 21세기 처음 10년간 기록한 수익률이 연평균 1~2%에 불과하다는 것을 알게 되었다. 이는 그들의 펀드매니저가 벤치마크 지수보다 나쁜 실적을 내서가 아니라 2000년 봄 TMT 거품이 꺼진 후 그리고 2008년 세계금융위기가 심화되었을 때 주식시장 실적이 열악했기 때문이었다.

그런데 우리의 글로벌 펀드와 오버시스 펀드는 그 10년 동안 연 12%의 복리 수익을 기록했다.

연 1~2%의 수익률은 은퇴생활이나 자녀교육을 재정적으로 지원하기에는 너무 낮은 수익률이다. 기관들 가운데 연기금 펀드들은 장기적으로 연 7~8%의 복리 수익을 기대하고 있기 때문에 1~2%의 수익률은 기대에 전혀 미치지 못하는 것이었다. 이로 인해 일부 자금이 가치투자 쪽으로 이동했다. 그런데 진정한 가치투자로 운용되는 자금은 전문적으로 운용되는 전체 자금의 약 5%에 불과하다. 따라서 가치투자 외부에 있는 95%의 자금 중 아주 일부만 가치투자로 이동했음에도 가치투자 운용자산이 크게 증가했다.

그러나 이 글을 쓰고 있는 2016년 초반을 기준으로 지난 3년 동안, 특히 2013년 선진국 주식시장의 실적이 좋았고, 그중에서도 미국 주식시장의 실적이 좋았다. 이런 시장에서 수혜를 입은 것은 성장투자자들 그리고 어느 정도는 '모멘텀 투자자'라고 할 수 있는 단타 매매자, 리스크 패리티 투자자, ETF 투자자들이었다.

반면 가치투자는 일시적으로 그 빛을 일부 잃었다. 이런 사실에 놀랄 필요는 전혀 없다. 가치투자는 장기적으로 타당하고 효과적이지만, 매년 일관되게 그럴 수는 없다. 랠프 월도 에머슨Ralph Waldo Emerson이 말한 것처럼 일관성이란 '편협한 이들의 망상hobgoblin of little minds'이다.

회사 내부 애널리스트의 중요성

나는 투자에 성공한 공을 우리 회사 애널리스트들과 함께 나눠야 한다고 말하고 싶다. 이들에게는 세 가지 임무가 있다. 첫째는 우리가 보유한 많은 종목들 하나하나를 계속 추적, 조사하는 일이고, 둘째는 내가 가지고 있는 투자 아이디어를 조사하는 일이며(악마는 디테일에 있다. 그리고 이들은 내 아이디어가 쓸모없다는 것을 입증하기만 하면 내가 그들의 의견을 받아들인다는 것을 알고 있었다), 셋째는 자신들만의 투자 아이디어를 개발하는 것이었다(나는 이 세 번째 임무에는 항상 충분한 시간을 주었다).

이들은 1주일 혹은 2주일(혹은 그 이상)에 한 개 정도의 투자 아이디어를 깊이 검토하고, 그 후 나와 그 아이디어를 의논했다. 그렇게 서로 의견을 교환한 후 나는 그 아이디어의 주식을 매수할지(혹은 매수하지 않을지) 결정했다.

그러나 나는 그들의 아이디어를 수정해서 사용하지는 않았다. 일단 주식을 매수하면, 그 주식은 나의 책임인 동시에 그들의 책임이었고, 이런 사실을 그들도 알았다.

예를 들어 모린 매클로플린Maureen McLoughlin(지금은 결혼해서 모린 레벨리스Maureen Levelis가 되었다)은 소프트웨어 회사 암독스Amdocs에 대한 아이디어를 갖고 분석 작업을 했다. 평소대로 이 아이디어에 대해 토론한 후, 나는 이 주식을 매수했다. 그런데 매수하자마자 주가가 하락했고, 나는 추가 매수에 나섰다. 그리고 이따금 모린의 사무실을 지나가면서 암독스를 계속 사고 있다고 말했다. 그러면 철두철미한 애널리스트인 모린은 고개를 끄덕였다. 그 후 마침내 암독스가 수익을 냈다. 물론 이 주식이 하락하는 동안 모린은 과연 자신이 옳은지 스스로 자문했겠지만, 나는 그녀가 그런 일시적인 하락에 흔들리지 않는 것이 좋았다.

밸류샵value shops(가치투자 펀드 및 자금운용사)이 아닌 다른 자금운용사들에서 내부 애널리스트들이 직면한 리스크는 회사의 포트폴리오 매니저들이 내부 애널리스트보다 골드만삭스나 모건스탠리 애널리스트들의 말에 더 관심을 가질 수 있다는 것이다. 이는 당연히 내부 애널리스트들의 의욕을 크게 떨어뜨리는 일이다.

우리의 경우는 그런 일이 결코 없었다. 우선 월스트리트 회사들과 그 고객들의 시간지평은 6~12개월인 반면, 우리의 시간지평은 5년 이상이다. 예외가 있기는 하지만, 투자은행 혹은 증권사의 조사보고서는 우리 같은 회사에는 거의 쓸모가 없다. 이는 우리가 스스로 분석 작업을 해야 한다는 것을 의미한다. 우리에게는 아침에 주식중개인들의 전화를 받는 일, 몇 개의 주문을 하는 일 그리고 고객과 점심을 하고 오후에 다른 고객과 골프장에 가고 하는 일 같은 것은 없다. 무엇보다도 가치투자는 힘든 분석 작업을 요하는 일이다.

포트폴리오 매니저가 되기 위해서는 애널리스트도 따로 포트폴리오 구축에 대해 배워야 한다고 말하는 사람도 있다. 그러나 우리 같은 장기 투자자들이 있는 밸류샵은 애널리스트가 여러 업종을 다뤄왔을 뿐만 아니라 타이밍 같은 별 관련 없는 전술적 문제들은 신경 쓰지 않아도 되기 때문에 애널리스트도 포트폴리오 매니저 직책에 딱 맞는다고 할 수 있다.

월스트리트에는 "타이밍이 모든 것이다"라는 격언이 있다. 그들에게는 중요한 말인지 모르겠지만, 가치투자자에게는 해당되지 않는 말이다.

사실 나는 이미 하락했고 그 후에도 계속 하락하는 주식을 매수한 경우가 많다. 얼마 후, 내가 분석 작업을 올바로 했다면(그랬다면 대단한 것이지만) 이 주식은 바닥을 치고 다시 상승하게 될 것이다. 이때쯤 이 주식의 평균 매수가는 바닥에서 그리 높지 않은 수준이 될 것이다. 내가 바닥에서 주식 전량을 매수하거나 고점에서 주식 전량을 매도한 적은 거의 없다. 드물게 그런 경우가 있기는 하지만, 이는 순전히 운이었다.

매수 규모 혹은 매도 규모의 크기를 결정하는 것은 해당 기업의 질에 대한 (타당하든 아니든) 확신과 그 주식의 밸류에이션이다. 개인적으로 나는 주식 보유량을 천천히 누적시키는 편을 좋아하는데, 그럼으로써 그 기업의 사업에 대해 계속 생각할 수 있는 시간을 가질 수 있기 때문이다. 물론 내가 적은 양만 매수한 상태에서 주가가 바로 급등하면 상처를 받을 수 있고, 실제 그런 적도 있다.

분산투자와 집중투자에 대한 생각

집중된 포트폴리오와 분산된 포트폴리오 문제와 관련해, 내 의견은 워런 버핏처럼 현명하지도 않은데 20개나

25개 종목으로 집중된 포트폴리오를 구축하면 자신과 자신의 고객을 큰 리스크에 노출시키게 된다는 것이다.

반면 분산된 포트폴리오에 대한 비판은 그것이 어느새 지수를 복제해서 유사 지수펀드closet indexers(액티브 펀드를 표방하지만 결과적으로 지수 추종 펀드처럼 된 펀드)가 된다는 것이다. 사실 많은 펀드들이 그렇지만, 우리는 결코 그렇지 않다.

우리는 도쿄 주식시장의 시가총액이 세계 2위가 될 정도로 상승했던 1980년대 말에 일본 주식은 전혀 보유하지 않았고, 1990년대 말 닷컴 열풍이 불었을 때도 기술, 미디어, 통신주는 보유하지 않았다. 내가 보기에 당시 일본 주식과 TMT 주식은 모두 너무 비쌌다. 그리고 2008년 금융위기 발생 전인 2000년대 초중반 금융주 역시 보유하지 않았다. 당시 금융주가 외견상 특별히 비싸 보이지는 않았지만, 이익은 대개 허구적이었다. 우리 포트폴리오는 분산되기는 했지만 유사 지수펀드는 결코 아니었다.

이따금 "최고의 아이디어 종목 20개만 보유하지 그래요?" 하는 말을 듣곤 한다. 그러면 나는 어떤 것이 내 인생 최고의 아이디어 20개가 될지 '사전에' 알지 못하며, 만약 안다면, 당연히 그 20개 종목이 내가 보유할 모든 종목이 될 것이라고 답한다.

거품 시기와 가치투자자의 운명

1997년 말 첫 번째 환매가 있었을 때, 소시에테 제네랄 파리 경영진은 우리 사업 부문을 매각하기로 결정했다. 파리 본사의 누군가는 환매 규모를 추정해서 우리가 운용할 돈이 완전히 고갈될 정확한 (그리 멀지 않은) 날짜를 파악하기까지 했다.

1999년 말 나는 몇몇 가치투자자들과 이런저런 이야기를 나눌 기회가 있었다. 대화 도중 이들 중 한 사람이 "결국에는 우리가 옳을 것이며, TMT 거품은 꺼질 것"이라고 했다. 그러자 다른 사람이 말했다. "맞아. 그런데 TMT 거품이 앞으로 1년이나 2년 더 지속되면 그 사이에 우리 고객은 모두 달아나버릴 거야. 그렇게 되면 결국 우리가 옳았다는 것은 아무 소용없는 일이 되고 말지." 그런데 이 거품은 그로부터 3개월 후에 꺼졌고, 다행히 우리는 살아날 수 있었다.

아무튼 두 번째 말한 사람이 틀렸다. 뮤추얼펀드 투자자들은 좀처럼 쉽게 움직이지 않는 경향이 있다. 그 이유는 이들 중 일부는 자신의 보유 종목에 어떤 일이 벌어지고 있는지 잘 모르기 때문이고, 또 다른 일부('행복한 소수'들이다)는 펀드매니저들에 대한 신뢰를 계속 유지하고 있기 때문이다. 그 때문에 TMT 거품이 1년이나 2년 더 지속되었다 해도 우리 펀드들에는 어느 정도 자금이 남아 있을 터였다.

소시에테 제네랄은 우리 사업 부문의 매도 주간사로 골드만삭스를 선정했는데, 골드만삭스는 내가 보기에 너무 홍보색이 짙은 '책'을 한 권 준비했다. 우리 사업 부문에 대한 경매가 준비되었고, 나는 말을 사기 위해 이빨을 이리저리 살펴보는 사람들 앞에 선 마시장의 한 마리 말이 된 느낌이 들었다. 그런데 우리에 대한 관심은 매우 제한적이었다. 1990년대 말 가치투자는 별로 인기가 없었는데 우리를 팔려고 내놓은 매도 희망가가 많이 높았기 때문이었다. 그리고 환매 상황이 더욱 악화되자 잠재적인 매수자마저 사라졌다.

매각 시도가 실패로 돌아갔을 때 써드 애비뉴 펀드의 창업자 마틴 휘트먼이 내게 전화를 했다. 마틴은 "당신과 내가 아름다운 음악을 함께 만들 수 있을 거요"라고 했다. 오랜만에 듣는 아름다운 음악이었지만, 결과적으로 그렇게 되지 못했다. 진정한 가치투자자가 운용했던 써드 애비뉴 펀드도 우리처럼 환매에 시달리고 있었기 때문이었다.

새로운 출발

세기 전환기에 안홀드 앤 S. 블라이크뢰더가 우리 사업 부문에 대한 지배지분을 인수했다. 나는 1987년 헨리 안홀드를 만났고, 그 다음엔 안홀드 앤 S. 블라이크뢰더의 자금운용사업 부문을 운영하고 있던 그의 아들 존 안홀드 John Arnhold를 만났다. 존은 우리 사업 부문을 매각하기 위해 골드만삭스가 준비한 자료의 사본을 보기는 했지만 가격이 너무 높다고 판단했다.

존 안홀드는 현명했다. 우리 사업 부문의 인수가격을 훨씬 낮췄는데, 그로부터 3개월 후 TMT 거품이 꺼졌다. 우리 펀드들은 갑자기 매우 좋은 실적을 내기 시작했다. 우리 펀드 중 대형 펀드인 글로벌 펀드는 2000년에 약 10% 상승했고, 2001년과 2002년에도 10%, 2003년에는 37%나 급등했다. 1990년대 말 3년간의 힘든 시기를 거친 후 얼마나 안도했는지 모른다. 나로서는 새 지배주주에 만족했다. 안홀드 앤 S. 블라이크뢰더는 가족지배회사로 나와 마찬가지로 자본의 보전을 중시한다.

돌이켜 보면 소시에테 제네랄은 우리를 저가에 팔기보

다는 1~2년 더 기다리면서 보다 나은 매도 기회를 모색했어야 했다. 그러나 대형 관료주의 조직에서는 한번 결정이 내려지면 그것으로 끝이다. 아니면 내가 희망 없는 노인(당시 나는 60세도 안 되었다)이라고 생각했는지도 모른다. 분명한 것은 그들이 나의 투자법을 조금도 이해하지 못했고, 검토해 볼 생각도 하지 않았다는 것이다.

결론적으로 말해 사회 첫 직장으로 15년을 보낸 소시에테 제네랄의 파리 본사와 1990년대 말 나에게 등을 돌린 우리 펀드 이사회와 달리, 존 안홀드는 나와 내 동료들이 회사에 남아 계속 일할 수 있게 해주었다. 게다가 어려운 시기를 함께 인내한 존의 공로 또한 분명히 기억해 두고 싶다. TMT 거품이 꺼진 후에도 몇 달 동안 우리 펀드에 대한 순환매가 계속되었기 때문이다.

사실 대형 거품 속에 있던 투자자들이 완전히 좌절하고 포기하기까지는 상당한 시간이 걸리기 때문에 거품 붕괴가 실제 투자 행태와 실적에 반영되기까지는 항상 시차가 존재한다.

따라서 21세기 첫날부터 나는 벤저민 그레이엄과 워런 버핏으로부터 배운 교훈을 적용할 수 있었는데, 이때는 퍼스트 이글 인베스트먼트 매니지먼트의 새 지배주주들과 펀드 신임 이사회의 매우 중요한 확신을 등에 업고 그렇게 할 수 있었다.

당시 나는 벤저민 그레이엄과 워런 버핏 외에도 짐 그랜트와 그의 격주간지 〈그랜츠 금리 옵저버〉, 딜런 그라이스Dylan Grice와 제임스 몬티어James Montier, 전 국제결제은행(BIS) 수석 이코노미스트 윌리엄 화이트 같은 사람들의 저술에 계속 관심을 가졌다. 특히 BIS의 연차보고서는 세계 경제 및 금융 상황 분석과 관련해 항상 많은 흥미로운 내용을 포함하고 있었다. 그리고 오스트리아 경제학파의 프리드리히 하이에크Friedrich Hayek와 루트비히 폰 미제스Ludwig von Mises 역시 마찬가지다.

은퇴를 준비하다 다시 현업으로!

2004년 나는 64세가 되었다. 그리고 계획한 대로 퍼스트 이글 인베스트먼트 매니지먼트의 고문 직책을 맡으면서 일선에서 물러났다. 이런 반半 은퇴생활은 내게 딱 맞았다. 다른 일부 금융인과 달리, 나는 힘들게 일하다 책상에서 죽고 싶은 그런 사람은 아니다. 게다가 다른 관심사를 추구할 시간도 필요했다.

1970년대 중반 내 아내 베티의 친구 중 한 명이 미술갤

러리에서 일을 하고 있었다. 어느 날 오후 그녀는 나와 베티에게 여러 드로잉과 회화를 보여주었다. 베티와 나는 그중 두 점의 회화에 마음이 꽂혔다. 하나는 모리스 프렌더개스트Maurice Prendergast의 것이었고, 다른 하나는 시어도어 로빈슨Theodore Robinson의 것이었다. 그러나 당시 우리는 이 두 그림을 살 여유가 없었다. 그런데 좋은 드로잉은 지금과 마찬가지로 그때도 별로 비싸지 않았고, 따라서 우리는 존 싱어 사전트John Singer Sargent의 유명한 회화 '마담 XMadame X'의 습작 드로잉 한 점을 5,000달러에 샀다. 베티에게는 초상화가이며 사전트의 열렬한 팬인 종조부가 계셔서, 그를 만나 조언을 받은 적도 있었다.

처음에는 주로 여성을 그린 스케치들을 샀지만, 1990년대 초부터는 수집품이 꽤 다양해져서 종교화와 풍경화 드로잉들을 샀고, 회화와 골동품을 포함한 조각품도 일부 사기 시작했다. 우리가 골동품에 관심을 갖게 된 것은 둘째 딸 폴린이 경매회사 크리스티에서 인턴을 거쳐 골동품 담당부서에서 일하면서부터였다.

2004년 내가 고문으로 일선에서 물러난 뒤 우리는 런던, 파리 등의 박물관, 미술관, 경매장을 둘러볼 여유가 생겼다. 유럽에는 내가 한 번도 가보지 않은 도시들이 있었지만, 파리와 로마는 그냥 걷기만 해도 즐거운 최고의 도시였다. 물론 날씨가 좋을 때만 그렇다. 로마는 여름만 피하고 (너무 덥다) 파리는 겨울만 피하면 (비가 많이 오고 너무 어둡다) 최고다. 그러나 내게 다시 파리로 돌아가 살라고 하면 거절하고 싶다. 그 이유는 두 가지다. 우선, 두 딸 수잔과 폴린이 미국에 살고 있다. 둘째, 파리에 몇 주 있다 보니 프랑스 사람들이 나와 뭔가 맞지 않다는 것을 알게 되었다. 그들이 나를 힘들게 했다기보다는 지금까지 인생의 반 이상을 뉴욕에서 살았기 때문에 더 이상 프랑스인들의 사고방식에 익숙하지 않게 된 것이다.

2007년 초 베티와 파리에 체류하던 어느 날 저녁, 베티가 나를 오페라 공연에 데려갔다. 그전에는 한 번도 오페라를 본 적이 없었는데, 이날 이후로는 정말 오페라를 좋아하게 되었다. 이날 공연된 리하르트 슈트라우스의 〈장미의 기사〉가 끝날 때쯤에는 눈물까지 흘렸다. 아무튼 그날 처음 오페라를 본 후 우리는 저녁식사를 하고 자정이 넘어서야 숙소로 돌아왔다.

숙소에 돌아와 보니 마이클 켈렌Michael Kellen의 전화 메시지가 남겨져 있었다. 켈렌 가문과 안홀드 가문은 퍼스트 이글 인베스트먼트 매니지먼트의 지주사 안홀드 앤 S.

블라이크뢰더를 공동 지배하고 있었다. 나는 켈렌에게 전화했다. 그리고 안홀드 앤 S. 블라이크뢰더 경영진과 나의 후임 펀드매니저 샤를 드보 사이에 의견충돌이 있었고, 이 때문에 샤를이 사임할지도 모른다는 말을 들었다. 결국 내가 월요일부터 당장 일선으로 복귀해야 될 상황이었다. 나는 그러겠다고 했다.

그리고 문제가 해결되고 새로운 책임자가 임명될 때까지 그 몇 달 동안 내가 포트폴리오 운용을 다시 책임져야 한다면, 펀드 주주들의 이익이 최우선이 되어야 한다고 생각했다.

'퍼스트 이글'에 관한 이야기

2007년 말 우리의 리서치 담당이사(이며 훌륭한 애널리스트)였던 척 드라드멜Chuck de Lardemelle이 몇 명의 애널리스트들을 데리고 회사를 떠났다. 이들은 독자적인 회사를 세웠으며, 몇 개월 후 샤를 드보가 여기에 합류했다. 우리는 (켈렌 가문의 일원인 앤드루 건들락Andrew Gundlach을 통해) 브루스 그린왈드에게 신임 리서치 담당이사를 추천해달라고 했다.

1965년 벤저민 그레이엄이 컬럼비아대 경영대학원에

서 은퇴한 후, 로저 머리Roger Murray가 뒤를 이어 가치투자를 가르치다 그도 1978년 은퇴했다. 그 후 컬럼비아대 경영대학원은 가치투자 과정을 열지 못했다. 그러던 2001년 '그레이엄과 도드 투자 하일브런센터Heilbrunn Center for Graham and Dodd Investing'가 설립되면서 가치투자 교육은 튼튼한 기반을 갖게 되었다.

1991년 컬럼비아대 경영대학원 교수진에 합류한 브루스 그린왈드가 이 센터 소장으로 임명되었고, 그는 컬럼비아대 경영대학원을 미국 최고, 사실상 전 세계 최고의 가치투자 교육 경영대학원으로 재건했다.

우리가 브루스 그린왈드에게 구인을 부탁한 것은 그가 많은 학생들을 가르쳤고, 이들 중 일부는 자금운용업계의 권위자가 되었기 때문이었다. 그런데 시간이 흘러도 브루스는 아무도 추천하지 않았다. 대신 "내가 하면 안 되겠나?" 하고 물어왔다. 그렇게 해서 브루스 그린왈드는 이후 몇 년 동안 퍼스트 이글 글로벌 밸류팀First Eagle Global Value Team의 리서치 담당이사로 일했다. 학계에서 오랜 세월을 보낸 후 현업에 합류한 것이다.

몇 달 후 두 명의 우리 회사 애널리스트가 나를 찾아와서 첫째, 브루스가 자신들을 겁주고 있으며, 둘째 그의 생각이 우리와 매우 다르다고 했다. 그래서 나는 이들에게 다음 두 가지 이야기를 해줬다.

첫째, 다른 모든 훌륭한 교수들처럼 브루스가 제일 좋아하는 것은 멋진 논쟁이며, 따라서 여러분이 반박해주기를 기대하는 것이다. 결국엔 아마 자기가 옳고 여러분이 틀렸다고 할 것이다. 젊은 미국인은 이런 것에 익숙하지 않다. 나도 그랬다. 프랑스에서 학창 시절을 보낼 때, 교수들은 학생들을 무식한 하류로 취급했다. 물론 이는 너무 극단적인 방식이다. 그런데 다른 극단, 요컨대 미국에서처럼 학생들의 자부심을 절대적으로 우선시하는 것 또한 잘못된 것이다.

둘째, 나는 이들에게 투자에 대한 브루스의 접근법이 우리의 접근법과 쉽게 조화를 이룰 수 있다고 했다. 실제 그랬고, 우리 회사 애널리스트들은 브루스의 지도로 많은 도움을 받았다. 지금 브루스는 나와 함께 퍼스트 이글 상임고문으로 있다.

그리고 나는 브루스의 요청으로 오랫동안 마크 쿠퍼Mark Cooper, 앤드루 건들락, 그리고 헤지펀드 앨더힐Alderhill의 마크 언퍼스Mark Unferth와 에릭 입Eric Yip을 도왔고, 브루스, 타노 산토스Tano Santos와 함께 컬럼비아대 경영대학원에서 가치투자를 가르쳤다.

정말 고맙게도 브루스는 퍼스트 이글 인베스트먼트 매니지먼트가 컬럼비아대 경영대학원에 내 이름의 석좌교수직을 기증하도록 주선했다. 그래서 나는 이제 영원히 내 이름을 남기게 되었다(컬럼비아대 경영대학원의 '장마리 에베이야르 교수직Jean-Marie Eveillard Professor'을 말한다. 2020년 7월 현재 켄트 대니엘Kent Daniel이 이 교수직을 맡고 있다―옮긴이).

안홀드 앤 S. 블라이크뢰더는 내 후임을 찾기 위해 헤드헌팅회사에 의뢰를 했고, 나는 몇 개월만 포트폴리오 운용을 책임지면 될 거라 생각했다. 그러나 가치투자는 미국에서 전문적으로 운용되는 자금의 단 5% 정도만 차지하고 있는 작은 영역이다. 게다가 나는 수십 년 동안 여러 가치투자자들과 알고 지내왔기 때문에 그들의 포트폴리오 매니저 중 한 명을 가로채 올 생각은 없었다.

따라서 우리가 더그 메이어Doug Meyer의 도움으로 내 후임자 매슈 매클레넌을 찾기까지 1년 이상의 꽤 긴 시간이 걸렸다. 더그 메이어는 골드만삭스에서 매슈 매클레넌과 함께 일한 적이 있었다. 존 안홀드와 나는 그가 훌륭한 후임자임을 즉각 알아봤다. 그는 분명 성공한 가치투자자였다.

그리고 사람은 자신이 갖지 못한 자질에 대해서는 민감하게 알아본다. 나는 매슈가 투자업무 종사자들을 잘 관리할 수 있는 좋은 관리자라는 것도 알았다. 내가 그런 관리자가 아니었기 때문이다. 그리고 운용자산이 늘어났기 때문에 투자업무 종사자들을 잘 다루는 좋은 관리자가 사실 매우 중요해졌다. 나는 지금도 매슈와 잘 지내고 있으며, 글로벌 밸류팀을 책임지고 있는 매슈를 통해 퍼스트 이글 펀드가 아주 잘 운용되고 있다고 생각한다.

매슈는 여러 포트폴리오 매니저와 우리 회사 애널리스트들의 훌륭한 도움을 받고 있다. 퍼스트 이글 펀드의 전신인 소젠 인터내셔널 펀드를 7년 동안 혼자 운용했던 나는 좋은 팀의 중요성을 잘 알고 있다.

2009년 나는 다시 퍼스트 이글 인베스트먼트 매니지먼트 고문으로 돌아왔다. 지금 나는 1주일에 2~3일 사무실에 나가 금융 관련 신문기사들을 읽고 우리 펀드들이 보유한 대부분의 주요 종목들의 현황을 파악하는 일을 하고 있다.

내가 50년 이상을 투자업계에 종사해왔음을 알고 있는 회사의 일부 젊은 애널리스트들이 있다. 그들은 내가 그렇게 긴 세월 동안 아주 많은 기업들을 봐왔을 게 분명하다고 생각하고 있다. 물론 그렇긴 하다. 그런데 내가 어떤 기업을 마지막으로 본 것이 25년 전 일이라면, 이는 현황을 정확히 파악하고 있는 것이 아니다. 오랜 시간이 흘러도 변하지 않는 기업들이 일부 있기는 하지만, 많은 기업들은 더 좋게든 더 나쁘게든 변하기 마련이다.

최근 우리 퍼스트 이글 펀드 중 하나를 다른 펀드로 조금 바꾼 것을 제외하고 나는 1970년대에 우리 펀드에 편입했던 모든 투자자산을 아직 그대로 보유하고 있다. 그리고 이 투자자산들은 나의 금융자산에서도 상당 부분을 차지하고 있다. 사실 퍼스트 이글 펀드들에 투자된 나의 투자자산은 상당한 금액이다.

나는 이런 펀드 계좌뿐 아니라 직접 운용하는 개인 계좌도 하나 있는데, 시간이 가면 이것도 펀드에 맡기려고 한다.

또한 퍼스트 이글 인베스트먼트 매니지먼트와 나의 계약은 2015년 6월까지였는데, 그때가 되어 내가 계약 갱신을 원할지 혹은 회사가 갱신을 원할지 확실치 않았다. 2015년이면 나는 75세가 되고, 퍼스트 이글 펀드의 새 팀이 5년 이상 자리를 잡은 시점이다. 우리는 두고 보자고 했고, 결국 다시 보게 되었다.

퍼스트 이글 인베스트먼트 매니지먼트를 지배한 두 집

안의 일부 가족이 고령화되면서, 두 사모펀드 회사 블랙스톤 캐피털 파트너스Blackstone Capital Partners와 코세어 캐피털Corsair Capital이 운용하던 사모펀드의 지배권에 변화가 생겼다. 퍼스트 이글 인베스트먼트 매니지먼트에 장기 투자했던 이 두 회사의 대주주 고객들에도 변화가 있었다. 지배권의 변화에는 퍼스트 이글 뮤추얼펀드 주주들의 승인이 필요한데, 이 일은 2015년 12월에 마무리되었다. 그리고 나에 대한 고문직 계약은 4년 더 연장되었다.

나는 블랙스톤의 공동 창업자 겸 CEO 스티븐 A. 슈왈츠먼Stephen A. Schwartzman과 블랙스톤의 부회장으로 회사의 자산운용 부문을 책임지고 있는 J. 토밀슨 힐J. Tomilson Hill을 여러 해 알고 지내왔다. 블랙스톤은 크게 성공한 기업이며, 나는 이 두 사람을 매우 존경하고 있다. 또 나는 블랙스톤 사모펀드 부문 글로벌 책임자 조지프 바라타Joseph Baratta와 코세어 캐피털의 선임 파트너 D.T. 이그나시오 자얀티D.T. Ignacio Jayanti도 만났고, 이들에게 깊은 인상을 받았다.

이들은 모두 우리의 장기 가치투자 전략을 잘 이해하고 있다. 따라서 나는 지배권이 바뀐 후에도 퍼스트 이글 인베스트먼트 매니지먼트가 계속 번성할 것이라고 확신한다.

CHAPTER 12

결론 :
가치투자는 타당한 투자법이며
장기적으로 효과적이다

워런 버핏은 장기적으로 성공한 투자자가 되기 위해 필요한 것은
높은 IQ가 아니라 기질이라고 말한 바 있다.
내가 보기에 이 말은, '적절하다고 생각될 때'면
기꺼이 군중과는 반대로 갈 수 있어야 한다는 것을 의미한다.
물살을 거슬러 헤엄치듯이 말이다.

고객에 대한 '신의성실의 의무'

1979년 1월 퍼스트 이글 글로벌 펀드의 전신인 소젠 인터내셔널 펀드의 포트폴리오 매니저가 되었을 때 나는 장기적으로 펀드 주주들의 돈을 잃을까봐 크게 걱정했다.

뮤추얼펀드는 헤지펀드가 아니다. 따라서 우리 투자자들 중에는 기관이나 부유한 개인도 있지만, 대부분은 중산층 사람들이다. 그렇다고 기관이나 부유한 개인들의 돈을 탕진해도 된다는 뜻은 아니다. 당연히 절대 그래서는 안 된다. 그러나 중산층이 투자한 돈은 게임용 돈play money이 아니라 은퇴생활이나 자녀 교육에 필요한 진지한 돈serious money이다. 잃어서는 안 되는 저축인 것이다. 내가 장기적으로 이들의 이런 중요한 저축을 잃는다면, 우리 투자자들의 일상생활을 어렵게 만들 수 있다. 요컨대 투자자를 위한 신의성실의 의무가 있는데, 이는 나의 어깨를 무겁게 했다.

따라서 1979년 1월 1,500만 달러의 소젠 인터내셔널 펀드의 운용을 맡았을 때 나는 두 가지 목적을 가지고 있었다.

첫째, 가장 중요한 것은 내가 주주들을 주식 리스크^{equity} ^{risk}에 노출시키고 있으므로 (의미 있을 정도로 충분히 긴 기간 동안) 머니마켓펀드보다 좋은 실적을 내는 것이었다.

오늘날 연방준비은행이 노골적으로 금리를 조작하고 있기 때문에 머니마켓펀드는 실질적으로 아무런 수익을 내지 못하고 있다. 이 과정에서 연방준비은행은 저축자들에게 피해를 주고 ('저축하고 투자하라'던 모토가 '빌리고 소비하라'가 되었다) 이들을 주식 같은 위험자산에 내몰고 있다 (채권이 거의 수익을 내지 못하기 때문에 '주식이 투자의 기본옵션'이 되었는데, 이는 미래에 언젠가는 금리가 오를 것이기 때문에 위험한 현상이다). 따라서 지금은 더더욱 머니마켓펀드보다 좋은 실적을 내는 것이 필수적인 일이 되었다.

둘째, 어떤 벤치마크든 적절한 벤치마크 지수보다 장기적으로 좋은 실적을 내는 것이다. 그러지 못하면, 투자자들은 "당신은 필요 없어요. 그냥 인덱스펀드를 사는 게 낫겠어요"라고 할 수 있고, 또 그럴 것이다.

나는 소젠과 퍼스트 이글 동료들의 도움으로 장기적으로 이 두 목적을 달성할 수 있었다. 특히 내가 행복했던 것은 장기적인 수익률이 절대적인 견지에서 상당히 플러스였다는 점이다. 상대적인 실적은 말할 것도 없다(구체적 수치는 책을 시작하면서 소개한 우리 펀드들의 수익률을 참조해 주기 바란다).

따라서 나는 2004년 그리고 2009년 3월 다시 고문으로 자리를 옮긴 후 안도의 숨을 내쉬었다.

헤지펀드는 나에게 맞지 않는다

나는 헤지펀드 운용에는 전혀 관심이 없었다.

가치투자자들은 공매도 및 레버리지와 관련된 리스크를 달가워하지 않는다(또 그래야 한다). 공매도는 잠재적인 하방 리스크를 측정할 수 없다. 어떤 주식을 주당 25달러에 매수하면, 내가 잃을 수 있는 돈은 그 25달러가 전부다. 그런데 어떤 주식을 주당 25달러에 공매도할 경우, 그 주식의 주가가 125달러(혹은 그 이상, 얼마까지 오를지 누가 알겠는가?)가 될 수도 있는데, 이 경우 나의 리스크는 100달러(혹은 그 이상)가 된다.

레버리지는 투자자의 투자 유지력을 감소시키거나 없

애 버린다. 레버리지를 사용하지 않을 경우, 나는 상당한 환매에 시달리지 않는 한 필요하다면 수년 동안 참고 기다릴 수 있다. 그러나 마진콜에 직면했는데 내 수중에 현금이 없다면, 나는 참고 기다릴 수 없다. 다음 생에 태어난다면 나는 폐쇄형 펀드나 가족재산관리 회사를 운영하고 싶다. 이 둘은 나처럼 장기적으로 생각하는 경향이 있기 때문이다.

우리 퍼스트 이글 글로벌 펀드와 오버시스 펀드는 차입을 하지 않았기 때문에 (대신 이 두 펀드는 현금을, 때로는 거액의 현금을 보유했다) 헤지펀드보다 낮은 수수료와 보다 적은 리스크로 장기적으로 좋은 실적을 낼 수 있었다. 1979년 1월 우리 글로벌 펀드에 투자한 투자자가 레버리지를 사용했다면, 그 후 26년 동안 수익률이 더 좋았겠지만, 우리는 그런 위험한 행동은 절대 권하지 않았다. 그리고 지금도 권하지 않는다. 나 자신도 개인 투자에 레버리지는 전혀 사용하지 않고 있다.

오늘날 가치주는 어디에서 찾을 수 있나?

나는 50년 이상을 이런저런 식으로 투자업계에 종사해왔다. 그 긴 기간 동안 많은 주식을 분석해오면서 이곳에서는 단 한 주도 매수하지 않겠다고 생각한 유일한 주식시장이 하나 있는데, 바로 1989년 도쿄 주식시장이었다. 당시 도쿄 주식시장과 일본 부동산시장의 거품은 엄청난 수준이었다.

1990년대 말 미국 주식시장에도 거품이 있었지만, 사실 당시 미국 시장에는 두 개의 시장이 있었다. 하나는 '신경제' 주식들의 시장으로, 이 주식들은 하늘 높이 치솟았다가 2000년 봄부터 무너졌다. 그리고 나머지 하나는 이른바 '구경제'(약간은 조롱조의 말이다) 주식들의 시장으로, 1990년대 말 이 주식들은 거의 움직임이 없었고 가격은 일반적으로 매우 적절한 수준이었다.

1990년대 말 우리 펀드가 어려움을 겪던 당시 화가 난 한 자산관리사가 내게 전화를 걸어왔다. 그는 내가 보유한 주식 중 하나를 예로 들어달라고 했다. 유감스럽게도 나는 독일의 보일러회사인 부데루스를 골랐다(앞서 1장에서 해외투자 사례로 소개했던 기업이다). 그러자 전화기 저편에서 실망의 탄식이 들려왔다. 보일러회사야말로 가장 지루하고 따분한 '구경제' 주식이었던 것이다.

그런 경우를 제외하고 1982년, 1990년, 2002년, 2008년 말, 그리고 2009년 초 모든 주요 주식시장에는 '가치주 발굴bottom-up' 기회가 있었다(매우 많은 경우도 가끔 있었다). 그 외 다른 시기에는 이런 기회를 찾기가 건초더미에서 바늘 찾기만큼 어려웠다.

오늘날 미국 시장은, 벤저민 그레이엄을 인용하자면 "시장이 비싼 것 같다. 비싸다. 그렇게 보일만큼 비싸다the market seems high, it is high and it is as high as it seems". 그러나 인내심 있는 가치투자자 입장에서 볼 때, 미국의 대형주 가운데 컨센서스가 적정 수준보다 낮은 주식이 최소한 몇 개는 있기 마련이다. 미국 주식시장은 큰 시장이다. 따라서 소형주, 때로는 소외된 주식들 가운데 (그레이엄 스타일이든 버핏 스타일이든) 기회가 있다.

유럽의 경우, 영국 시장이 다른 곳보다 좀 더 효율적이다. 그리고 프랑스와 독일 그리고 일부 작은 국가들에 우량 기업들이 일부 있다.

일본의 경우에는 가격이 매우 싼 세계적인 기업 몇 개와 수많은 소형주들이 있다. 가격이 싼 소형주들이 많은 유일한 이유는 적대적 기업 인수가 일본의 기업문화가 아니기 때문일 것이다. 또한 일본 정부는 기업 경영진이 자사주 매입과 배당금 증액을 통해 과도하게 보유한 현금을 줄이고, 그럼으로써 자기자본이익률(ROE)을 높이도록 장려해 왔다.

외국 투자자들이 일본 기업의 낮은 ROE에 불평하는 경우가 가끔 있다. 순이익이 7엔이고 자기자본이 100엔이면, ROE는 7%다. 그런데 순이익이 7엔이고 순현금이 50엔이면(현재 일본에서는 제로 금리 상태라 현금은 아무런 수익도 내지 못한다), 그 기업의 ROE는 7÷50, 즉 14%가 된다. 이는 꽤 좋은 수익률이다. 또한 일본 정부는 공공연기금 펀드가 주식을 더 많이 보유할 것을 요구하고 있다.

2016년 현재 도쿄 주식시장은 1989년에 기록한 말도 안 되는 고점에서 여전히 50% 정도 낮은 상태다. 따라서 일본 현지 기관과 개인투자자들은 모두 낙담한 상태이고 주식은 다소 무시되고 있는데, 바로 이것이 기회를 창출하고 있다. (2016년 1월 닛케이지수는 1만 6,500 수준이었지만 2021년 3월 기준 2만 9,700 수준으로 올랐다─편집자)

마지막으로 매우 장기적인 관점에서 볼 때, 나는 동양은 떠오르고 있고 서양은 가라앉는 중이라고 판단하고 있다. 그렇게 판단하는 이유는 인도와 중국의 절대적인 크기 그리고 이 두 국가에서 추진된 개혁(1991년과 2014년 인도의 개혁, 1978년 중국의 개혁) 때문이다.

그런데 내가 옳아서, 서양이 하락 중이라 해도 투자 기회는 있을 것이다. 예를 들어 미국, 유럽 등의 많은 기업들은 선진국 밖의 여러 해외시장에서 이미 성공했다.

신흥국 시장에서는 장기적으로 인도에 가장 좋은 기회가 있을 것 같다. 그러나 현재 대부분의 인도 주식은 다소 비싼 상태다. 우리 회사 애널리스트인 매니시 굽타Manish Gupta는 인도 출신이다. 가족재산관리회사를 운영하고 있는 프라샨트 트리베디Prashant Trivedi와 과거 동료인 비노드 날루리Vinodh Nalluri도 인도 출신으로 나와 수년 동안 연락을 주고받고 있다.

인도네시아에도 좋은 점수를 주고 싶고, 남미의 경우에는 멕시코 역시 마찬가지다.

중국의 경우, 힘든 전환기를 거치고 있는 중이다. 세계 금융위기 이후 중국 경제가 성과를 낸 큰 이유 중 하나는 '통제경제' 속에서 정부가 마련한 거대한 신용 호황 때문이라고 투자자들은 생각하고 있다. 그런데 이런 신용 호황은 어떤 식으로든 신용 불황으로 바뀔 것이다.

러시아의 경우, 나는 통화와 금융시장의 급락이 보통은 상당한 투자 기회를 창출한다는 것을 인정한다. 그러나 국가의 전횡에 한계가 없는 것 같다(이는 소비에트 시절과 차르 시절에도 그랬다). 따라서 여러분이 러시아인이든 외국인이든 간에 푸틴 대통령이 허락할 때까지만 자산을 소유하고 있다고 생각해야 할 것이다. 요컨대 모든 것에는 대가가 따르기 마련이다.

오랫동안 펀드 운용에 종사해 온 과거를 돌이켜보면, 나는 매우 운이 좋았다고 할 수 있다. 2015년에 99세가 된 어머니는 과거 언젠가 내가 그나마 성공할 수 있던 유일한 직업을 운 좋게 구했다고 말한 적이 있다. 그 말을 듣고 놀랐지만 말대꾸는 하지 않았다. 돌이켜 보면, 어머니 말이 맞는지도 모른다.

형사 메그레 시리즈로 유명한 벨기에 작가 조르주 심농Georges Simenon의 작품 가운데 이런 내용의 소설이 있다. 자신의 일에 성공했지만, 50세가 되어서야 그동안 진정으로 일을 즐기지 못했다는 것을 깨닫고 다시 일을 시작하는 사람들에 관한 이야기다(소설 속 인물들은 다시 일을 시작했지만 그 결과는 저마다 달랐다). 다행히 내게는 그런 일이 벌어지지 않았다. 더구나 놀랍게도, 나는 내가 한 일로 돈까지 벌었다. 소문은 내지 말아주기 바란다.

- 감사의 글

친절하게 나를 배려해준 퍼스트 이글 인베스트먼트 매니지먼트의 전 CEO 브리짓 매캐스킬Bridget Macaskill, 안홀드 가문의 존 안홀드와 그의 부친, 켈렌 가문의 마이클 켈렌과 앤드루 건들락 그리고 법률고문 마크 골드스타인Mark Goldstein에게 깊은 감사를 드린다.

퍼스트 이글 인베스트먼트 매니지먼트의 모든 전현직 애널리스트들에게도 이 기회를 통해 감사의 말을 전한다.

브루스 그린왈드는 귀한 시간을 내어 이 책의 초고를 꼼꼼히 읽고 여러 유익한 제안을 해 주었다.

그리고 과중한 업무에도 불구하고 컴맹에다 다른 여러 결함도 많은 나를 꾹 참고 받아준 데비 루스만Debbie Lusman, 출산휴가를 간 데비를 대신해 나를 도와준 나탈리아 보이야키나Natalia Boyarkina에게도 고마움을 전한다.

그리고 이 책이 나오기까지 이그나티우스 치덜른과 스

티븐 브로벨Stephen Wrobel에게 많은 도움을 받았다. 두 사람이 없었으면, 이 책은 나오지 못했을 것이다.

이그나티우스는 이 책의 출간을 제안한 것은 물론 여러 조언을 해주었다. 또 린트초콜릿, 쇼 브라더스, 스위스항공 관련 부분은 직접 써주기까지 했다.

그리고 스티븐은 미국을 포함한 다른 여러 나라들과 연계된 한 프랑스 출판사의 대주주다. 다들 알겠지만, 글 쓰는 것보다 직접 말하길 좋아하는 나 같은 사람이 출판사를 찾기란 쉬운 일이 아니다. 그런 점에서 스티븐은 내게 큰 도움이 되었다.

〈부록 A〉

르그랑 우선주 매입 제안가에 대하여 :
"우둔하고 부도덕하다"

르그랑 우선주 문제는 간단하다 : '가족지배기업에서 소액주주들이 보유한 보통주의 의결권의 가치는 어느 정도인가?' 하는 것이다. 일단 이런 질문을 하면, 그 답은 명백하다. 거의 없다.

르그랑 이사회는 르그랑 우선주의 가치가 보통주보다 최소 43%(그렇다 43%다!) 낮다고 말하고 있다.

1983년 르그랑 우선주가 발행될 때는 전혀 할인이 없었는데, 지금은 43% 할인한단 말인가?

프랑스 법률(1966년 7월 24일의 법령 66.537의 269조 1항)은 주주총회에서 투표할 권리만 제외하고 우선주 주주들

De l'offre faite
aux Actions à Dividende Prioritaire (ADP) Legrand :
TORPEUR ET TURPITUDE

L'affaire des ADP Legrand est simple : que vaut le droit de vote des actionnaires minoritaires dans le capital d'une société sous contrôle familial ? La question à peine posée, la réponse est évidente : presque rien.

Au moins 43 % (oui : 43 % !) de la valeur de l'action ordinaire, répondent les Administrateurs de Legrand.

43 % de décote, alors que les ADP ont été émises sans décote en 1983 ?
43 %, alors que la loi française (art 269-1 de la Loi 66-537 du 24 juillet 1966) stipule que " les titulaires d'ADP bénéficient des droits reconnus aux autres actionnaires, à l'exception du droit de participer et de voter aux assemblées générales des actionnaires de la société " ?
43 %, alors que les détenteurs d'ADP, réunis en assemblée spéciale, ont un droit de veto sur une fusion de Legrand avec Schneider ?
43 %, alors que les dirigeants de Legrand nous ont répété que l'intérêt économique des ADP dans l'entreprise était identique à celui des actions ordinaires ?
Enfin et surtout, 43 % de décote, alors que les ADP Legrand ont droit à perpétuité à un dividende supérieur de 60 % (oui : 60 % !) à celui des actions ordinaires ?
Tout cela compense – et bien au delà – l'absence du droit de vote.

Torpeur intellectuelle : celle du Conseil des Marchés Financiers, qui a jugé " acceptable " le rapport d'échange proposé, et a ainsi avalisé la décote d'environ 43 % prévalant sur le marché avant l'annonce de l'acquisition de Legrand par Schneider.

Cette décote était une anomalie, comme on en voit souvent sur les marchés, où les cours d'un titre peuvent s'écarter durablement de sa valeur intrinsèque. Pour les ADP Legrand, la méfiance d'investisseurs étrangers envers un système qui protège mal les minoritaires, la torpeur intellectuelle de certains investisseurs français (l'ADP n'est dans aucun indice!), la politique de rachat de titres de Legrand, qui a systématiquement favorisé les actions ordinaires, tout cela a pu contribuer à creuser la décote.

Mais, en l'occurrence, cette anomalie ne compte pas. Lors d'une Offre Publique, c'est la valeur intrinsèque de l'ADP qui doit être reconnue.

Son dividende étant supérieur de 60 %, l'ADP Legrand vaut 60 % de plus que l'action ordinaire, moins la valeur du droit de vote. Celle-ci est au mieux nulle, au pire de 20 % de la valeur de l'action ordinaire, si on en juge d'après les opérations sur les certificats d'investissement.

L'ADP Legrand mérite donc au minimum une prime de 28 % sur la valeur de l'action ordinaire, et non une décote de 43 %, laquelle représenterait une iniquité inexplicable.

Turpitude morale : l'approbation unanime, *sans avis d'expert indépendant*, donnée par le Conseil d'Administration à la décote de 43 % est une « action honteuse ». Madame et Messieurs les Administrateurs de Legrand, cette Offre privilégie indûment les actions ordinaires aux dépens des porteurs d'ADP.

Torpeur des uns, turpitude des autres. Et aussi – pour nous, *actionnaires depuis le 22 juillet 1992* – incrédulité, amertume, colère : sur la place de Paris (et même à Limoges...) plus ça change et plus c'est pareil.

Porteurs d'ADP Legrand, sachez que jamais une opération visant à acquérir des ADP n'a été présentée avec une telle décote par rapport à l'action ordinaire.
Porteurs d'ADP Legrand, notez que la logique financière fait ressortir une valeur de l'ADP Legrand supérieure à deux fois l'offre proposée !
Sachez d'autre part que les First Eagle Sogen Funds, actionnaires de Legrand depuis 1992, détenteurs à ce jour de plus de 300 000 ADP Legrand, soutiennent tous ceux qui luttent pour faire reconnaître les droits des porteurs d'ADP Legrand.
Porteurs d'ADP Legrand, vous avez le choix de ne pas apporter vos titres à l'offre de Schneider.

Jean-Marie EVEILLARD
Co-Président de First Eagle SoGen Funds

* 퍼스트 이글 소젠 펀드가 프랑스의 전기장비 제조사 르그랑과 관련해 낸 입장문 '르그랑 우선주 매입 제안가에 대하여'.

은 다른 주주들과 동일한 권리를 가진다고 규정하고 있다. 그럼에도 그 가치를 43% 할인한단 말인가?

특별총회에서 우선주 주주들이 슈나이더의 르그랑 인수를 비토할 권리를 가지고 있음에도 불구하고 43% 할인한단 말인가?

르그랑 임원들이 우선주의 경제적 이해와 보통주의 경제적 이해는 같다고 우리에게 반복해서 말했음에도 불구하고 43% 할인한단 말인가?

마지막으로 가장 중요한 것은 우선주가 영구적으로 보통주보다 60%(그렇다 60%다!) 높은 배당금을 받을 권리를 가지고 있음에도 불구하고 그 가치는 43% 할인한다는 것이다.

이 모든 것은 우선주에 의결권이 없는 것을 보상해 주는, 그리고 그 훨씬 이상의 것이다.

지적 우둔함 : 인수자가 제안한 교환비율을 '수용 가능한' 것으로 보면서, 슈나이더의 르그랑 인수 발표 전 시장에서 형성된 43%의 할인율을 승인해준 금융시장위원회Counseil des Marches Financiers의 지적 우둔함을 지적하고자 한다.

이 할인율은 시장에서 자주 목격되는, 예외적인 경우다. 한 증권의 가격이 오랫동안 그 내재가치에서 벗어날 수 있는 예외적인 경우가 있는데, 바로 그런 경우다. 르그랑 우선주의 경우, 소액주주들에 대한 보호가 열악한 시스템에 대한 외국 투자자들의 불신, 일부 프랑스 투자자들의 지적 우둔함(우선주는 어떤 지수에도 포함되지 않는다는 것이다!), 보통주에 구조적으로 유리한 르그랑의 자사주 매입 정책, 이 모든 것이 할인율을 높이는 데 기여했다.

그러나 이 경우 그런 예외적인 상황을 그대로 반영해서는 안 된다. 주식 공개매수에서는 우선주의 내재가치가 인정되어야 한다.

배당금이 60%나 더 많기 때문에 르그랑 우선주의 가치는 보통주보다 60% 더 높다. 여기에서 (사람들이 투자증서 매매에 따라 의결권의 가치를 판단한다고 할 경우) 보통주의 가치에서 차지하는 비중이 기껏해야 0%, 최악의 경우 20% 수준인 의결권의 가치를 빼면 된다.

따라서 르그랑 우선주는 납득할 수 없을 정도로 불공평한 43% 할인이 아니라 보통주보다 최소 28% 프리미엄을 받을 가치가 있다.

부도덕성: '독립적인 전문가의 의견은 전혀 받지 않고' 이 사회가 만장일치로 43% 할인율을 승인한 것은 '부끄러운 일'이다. 르그랑 이사들의 이런 행동은 우선주를 희생해

서 보통주에 부당한 혜택을 제공하는 것이다.

누구는 우둔하고, 또 다른 누구는 부도덕한 일을 저지르고 있다. 그 이면에는 (요컨대 '1992년 7월 22일 이후 주주였던' 우리에게는) 불신과 고통과 분노가 있다. 파리에서는 (그리고 파리에서 멀리 떨어진 리모주에서조차) '변할수록 더 그대로다'.

르그랑 우선주 주주 여러분, 우선주 매수 제안 가격이 보통주에서 이렇게 크게 할인된 적은 전혀 없었습니다.

그리고 금융 논리에 따르면 르그앙 우선주의 내재가치는 매수 제안 가격의 두 배 이상입니다!

또한 1992년 이후 르그랑의 주주이며, 현재 30만 주 이상의 르그랑 우선주를 보유하고 있는 우리 퍼스트 이글 소젠 펀드는 르그랑 우선주 주주들의 권리를 위해 투쟁하는 모든 이를 지지합니다.

르그랑 우선주 주주 여러분, 여러분은 슈나이더의 매수 제안에 주식을 넘기지 않을 선택권이 있습니다.

장마리 에베이야르
퍼스트 이글 소젠 펀드 공동사장

〈부록 B〉

벤치마크 지수 추종과 고객의 진정한 이익

* 이 글의 축약본이 〈파이낸셜플래닝(Financial Planning)〉 2000년 11월호에 수록되었다.

〈배런스〉 최근호에서 한 자금운용가는 어떤 주식에 대해 꽤 비판적이었다. 그러나 그는 벤치마크 지수에서 그 주식이 차지하고 있는 비중보다 적긴 하지만, 그 주식을 보유하고 있다고 했다. 비중을 축소해서라도 보유하고 있다는 것이다. 이는 다음과 같은 질문을 하게 만든다. 어떤 주식을 매력적으로 보지 않는데 그 주식을 보유하는 이유는 무엇일까?

지수에서 큰 비중을 차지한다는 (이는 이들 주식이 이미 많이 오른 결과다) 이유만으로 그런 많은 주식을 편입한 포트폴리오는, 그럼에도 여전히 리스크가 있으며 (우선 그런 포트폴리오에는 완충장치가 전혀 없다) 급락할 수도 있다.

그런데 많은 직업 투자자들은 단기적으로 '벤치마크'와 비슷한 실적을 내거나 약간 앞서기 위해 여전히 그와 같은 일을 하고 있다. 이들은 자신이 운용하는 자산이 사라지거나, 보너스가 삭감되거나, 실패할 경우 직장까지 잃게 될까 두려워 본능적으로 그렇게 하고 있다.

그런데 이 과정에서 펀드 주주들에 대한 신의성실의 의무에는 조금의 관심이라도 두고 있기는 한 걸까? 벤치마크가 25% 하락했는데 펀드가 20% 하락했다면, 그 펀드 매니저는 영웅일까? 아니면 무능한 사람일까? 주주들 눈에는 무능한 사람으로 보일 가능성이 높다. 주주들은 "펀드가 20%밖에 안 빠졌다니, 도대체 무슨 소리를 하는 건가!" 할 것이다.

더욱 대담한 펀드매니저들은 인기 있는 종목 위주로 집중된 포트폴리오를 구성해 '모멘텀 게임'을 한다. 그럼으로써 이들은 벤치마크 지수를 쉽게 이기려 한다(그리고 일부는 여기에 성공했다). 이 경우, "집중은 강세장 현상이 아닌가?", "워런 버핏처럼 똑똑하지 않으면 분산해야 하는 것

아닌가?", "분산은 실로 뮤추얼펀드의 존재 이유가 아닌가?", "'모멘텀 주식으로' 집중된 포트폴리오에 내재된 리스크는 무엇인가?" 등등 연이은 질문들이 제기될 수 있다.

건물을 매수하거나 기업을 인수하려는 투자자는 매수하려는 자산에 지불할 가격에 큰 관심을 갖는다. 자동차, 심지어 수영복을 사는 사람도 마찬가지다. 이들은 모두 가치를 추구하는 것이다. 주식의 경우 이와 그렇게 다를 게 또 무엇인가? 심리, 감정, 무리 본능에 따라 사고파는 종잇조각에 불과한가? 금융의 역사는 어떤 교훈도 가르쳐주지 않는가? 결국 과거 50년의 경제팽창기에 (가장 최근에는 인터넷 주식의 경우) 많은 개인의 저축이 계속 사라져갔다(말 그대로 사라져버렸다).

여기서 내가 말하고자 하는 요점은 유사 지수 추종 전략이나 인기주 집중 전략 모두 고객을 부적절한 리스크에 노출시키고 있다는 것이다. 이 두 전략은 모두 벤치마크 전횡의 결과다.

이에 반해 '비중 축소 편입' 같은 것은 전혀 고려하지 않는 분산된 증권 포트폴리오는 이론적으로 대부분의 자산관리사 고객들을 만족시킨다. 분산은 리스크를 줄여준다. 그리고 '비중 축소 편입'을 무시하면 포트폴리오는 과도하게 고평가된 증권들을 피할 수 있다. 예컨대 나는 내가 기억할 수 있는 것보다 많은 실수를 저지르기는 했지만, (세계지수에서 도쿄가 미국보다 훨씬 큰 비중을 차지하고 있던) 1988~1989년 일본 주식은 사실상 보유하지 않았다. 비중 축소 편입 같은 것은 없었다. 당시 우리는 일본 증권 전체가 터무니없이 비싸다고 생각했다.

그렇다면 자산관리사나 이들의 고객이 기대하는 수익률은 무엇일까?

첫째, 나는 이들이 미국 국채 수익률을 어느 정도 '초과하는(이 말에 주목해 주기 바란다)' 세후 수익률을 기대한다고 믿는다. 고객의 돈이 주식 리스크equity risk에 노출되었기 때문에 그만큼 초과 수익률을 기대하는 것이다.

둘째, 장기적으로(물론 분기나 몇 년이 아니라 10년 이상) 적절한 벤치마크 지수를 초과하는 수익률이다. 그렇지 않으면 인덱스 펀드에 투자하고 말 것이다.

내가 보기에 자산관리사의 고객 대부분은 투자를 통해 부자가 되거나 저축을 덜 해도 되기를 기대하는 것은 아니다(그래서는 안 될 것이다). 이들은 자신이 투자한 돈이 추후 자녀 교육자금이나 자신의 은퇴자금에 사용될 수 있다는 것을 가능한 보장받고 싶어 한다. 이들의 돈은 '게임용 돈'이 아니라 '진지한 돈'이고, 따라서 리스크는 최소화되어야 한다. 그리고 결과적으로 수익률이 매우 높지 않다면, 이들은 저축을 해야 한다.

지금 내가 하는 말이 어떤 자산관리사들이 보기에는 말도 안 되는 소리이고, 또 다른 자산관리사들이 보기에는 오늘날 고객의 기대와 완전히 배치되는 것일 수 있다. 물론 그렇게 볼 수도 있다.

몇 년 전까지만 해도 자산관리사들은 나에게 이렇게 말했다. "당신의 수익률에 경의를 표합니다. 우리 대부분은 당신의 신중하고, 분산된, 가치투자법을 좋아합니다. 절대금액 면에서 고객의 돈을 잃는 것이 고객을 잃는 가장 빠른 방법이라는 것을 경험을 통해 알고 있기 때문입니다."

그런데 오늘날 일부 자산관리사들은 이렇게 말한다. "우리는 여전히 당신의 투자법을 좋아합니다. 그리고 절대금액 면에서 당신의 수익은 좋았습니다. 그런데 우리 고객들은 모두 당신의 펀드보다 훨씬 좋은 실적을 낸 적극적인 성장펀드에 투자한 부모, 친구, 이웃을 두고 있습니다. 그래서 이들을 부러워하고 있지요."

물론, 이 또한 그럴 수 있다.

우리의 최우선 과제는 '20년 이상' 자본을 보전하는 것이며, 앞으로도 이런 원칙을 바꾸지는 않을 것이다. 무엇보다도 우리는 우리의 투자법과 그 실행에 동의했을 것이기 때문에 지금까지 우리와 함께해 온 인내심 있는 투자자들을 배신할 생각이 없다.

나는 일부 자산관리사의 고객들이 가만히 있는 것을 싫어한다는 말을 들었다. 소수의 고객들은 가만히 있기보다는 행동을 원한다. '그냥 가만히 있지 말고 뭐라도 하라'는 것이다. 이와 관련해 하고 싶은 말은, 워런 버핏의 경우 신중하게 고른 주식을 보유하고 있는 일 말고는 대부분의 시간을 '아무것도 하지 않는다'는 것이다.

강세장과 넘쳐나는 정보(그러나 정보는 지식이 아니다)로 대담해진 소수의 고객들은 바야흐로 스스로 주식을 고르기 시작했다. "자산관리사가 왜 필요해?" 하면서 말이다.

오랫동안 (25년을 넘겨 약 한 세대 동안 그리고 지금까지도) 좋은 시장을 맛본 후, 앞으로도 이런 추세가 계속될 것이라고 생각하는 것은 지극히 인간적인 모습이다.

그러나 여러분과 내가 모두 알고 있다시피 스스로 투자하게 내버려둘 경우 대부분의 개인은 끔찍한 투자자가 된다. 물론 일부 개인투자자들은 스스로 투자할 수 있는 시간, 성향, 능력이 있지만, 그런 사람은 아주 소수다. 그리고 나머지 사람들은 리스크가 다시 무서운 말이 될 때 (그렇게 되면 안 되겠지만) 우리 같은 투자자문사와 펀드로 돌아올 것이다.

요컨대 오늘날 대부분의 펀드매니저들은 벤치마크 지수에 뒤처지지 않거나 그 지수만은 이겨야 한다는 생각에 사로잡혀 있다. 내가 보기에 이는 궁극적으로 고객들의 최선의 이익에 해가 되는 일이다. 때로는 고객들에게 그들의 최선의 이익이 어디에 있는지 보여주는 것이 어렵거나 심지어 불가능하기도 하다. 또 때로는 고객이 자신의 최악의 적이기도 하다. 그러나 자산관리사라면 (언젠가 바뀌겠지만) 조류가 바뀔 때 많은 '진지한 돈'이 사라져 버릴 수 있다는 것을 알아야 한다. 벤치마크는 고약한 악취마크stenchmark다.

● 함께 읽으면 좋은 부크온의 책들 ●

- 박 회계사의 재무제표 분석법 (개정판) — 박동흠
- 워런 버핏처럼 주식투자 시작하는 법 — 메리 버핏, 션 세아
- 인생주식 10가지 황금법칙 — 피터 세일런
- 주식고수들이 더 좋아하는 대체투자 — 조영민
- 금융시장으로 간 진화론 — 앤드류 로
- 현명한 투자자의 지표 분석법 — 고재홍
- 투자 대가들의 가치평가 활용법 — 존 프라이스
- 워런 버핏처럼 가치평가 시작하는 법 — 존 프라이스
- 투자의 가치 — 이건규
- 워런 버핏의 주식투자 콘서트 — 워런 버핏 강연 모음
- 적극적 가치투자 — 비탈리 카스넬슨
- 투자의 전설 앤서니 볼턴 — 앤서니 볼턴
- 주식투자자를 위한 재무제표 해결사 V차트 — 정연빈
- 워런 버핏의 ROE 활용법 — 조지프 벨몬트
- 주식 PER 종목 선정 활용법 — 키스 앤더슨
- 돈이 불어나는 성장주식 투자법 — 짐 슬레이터
- 현명한 투자자의 인문학 — 로버트 해그스트롬
- 워런 버핏만 알고 있는 주식투자의 비밀 — 메리 버핏, 데이비드 클라크
- 박 회계사의 사업보고서 분석법 — 박동흠
- 이웃집 워런 버핏, 숙향의 투자 일기 — 숙향
- NEW 워런 버핏처럼 적정주가 구하는 법 — 이은원
- 줄루 주식투자법 — 짐 슬레이터
- 경제적 해자 실전 주식 투자법 — 헤더 브릴리언트 외
- 바이오 대박넝쿨 — 허원
- 붐버스톨로지 — 비크람 만샤라마니
- 워렌 버핏처럼 사업보고서 읽는 법 — 김현준
- 안전마진 — 크리스토퍼 리소길
- 주식 가치평가를 위한 작은 책 — 애스워드 다모다란
- 워런 버핏처럼 열정에 투자하라 — 제프 베네딕트
- 고객의 요트는 어디에 있는가 — 프레드 쉐드
- 투자공식 끝장내기 — 정호성, 임동민
- 앞으로 10년을 지배할 주식투자 트렌드 — 스콧 필립스
- 워런 버핏의 재무제표 활용법 — 메리 버핏, 데이비스 클라크
- 현명한 투자자의 재무제표 읽는 법 — 벤저민 그레이엄, 스펜서 메레디스